Les clés de la
Maison-Blanche

SEXE,
FRIC
★★★★★★ ET ★★★★★★
VOTE

RICHARD HÉTU ★ ALEXANDRE SIROIS

Catalogage avant publication de Bibliothèque et Archives nationales
du Québec et Bibliothèque et Archives Canada

Hétu, Richard, 1962-
Les clés de la Maison-Blanche : Sexe, fric et vote

Comprend des réf. bibliogr. et un index.

ISBN 978-2-89 705-047-4

1. Présidents - États-Unis - Élection. 2. États-Unis. Congress - Élections.
I. Sirois, Alexandre, 1974- . II. Titre.

JK528.H472 012   324.6'30 973   C2012-941 635-5

Directrice de l'édition : **Martine Pelletier**

Éditeur délégué : **Yves Bellefleur**

Révision : **Hélène Detrait** et **Michèle Jean**

Conception de la page couverture, graphisme,
illustration et mise en page : **Philippe Tardif**

L'éditeur bénéficie du soutien de la Société de développement
des entreprises culturelles du Québec (SODEC) pour
son programme d'édition et pour ses activités de promotion.

L'éditeur remercie le gouvernement du Québec de l'aide financière accordée
à l'édition de cet ouvrage par l'entremise du Programme d'impôt
pour l'édition de livres, administré par la SODEC.

Nous reconnaissons l'aide financière du gouvernement du Canada
par l'entremise du Fonds du livre du Canada (FLC).

Dépôt légal – 3ᵉ trimestre 2012
ISBN 978-2-89 705-047-4
Imprimé au Canada

LES ÉDITIONS **LA PRESSE**

Présidente
Caroline Jamet

Les Éditions La Presse
7, rue Saint-Jacques
Montréal (Québec)
H2Y 1K9

★ ★ ★ Préface ★ ★ ★

Il y a toutes sortes de façons d'apprivoiser le complexe système politique américain. On peut, par exemple, suivre des cours auprès de savants professeurs de science politique et tout savoir sur le Collège électoral, y compris les particularités du Maine et du Nebraska. Ou bien, on peut avoir le plaisir de découvrir la culture politique américaine – y compris les particularités des grands électeurs du Maine et du Nebraska – en lisant cet ouvrage de mes collègues et amis Richard Hétu et Alexandre Sirois.

La culture politique américaine est riche, complexe, parfois pleine de contradictions et toujours à l'affût des nouveautés. Mais c'est elle qui fait qu'une constitution écrite il y a plus de 200 ans pour un pays essentiellement rural s'est adaptée au monde moderne et qu'elle gouverne encore de manière plutôt efficace l'une des plus grandes démocraties du monde. Sous la forme d'un abécédaire, *Sexe, fric et vote : Les clés de la Maison-Blanche* vous fera découvrir des lieux, des coutumes et des personnes dont on ne parle jamais dans les savants cours de science politique, mais qui sont incontournables si on veut comprendre comment les Américains choisissent leurs dirigeants. C'est ainsi qu'on verra que Matt Drudge est bien plus que le patron d'un site web qui aime les histoires qui sentent le soufre et que Fox News n'est pas seulement un réseau de nouvelles bien ancré à droite.

Ce sont des acteurs de la scène politique qui peuvent, du jour au lendemain, devenir aussi importants que les leaders des partis au Congrès. De même, on verra comment ce temps fort de la vie politique que devraient être les conventions des deux grands partis à la fin de l'été 2012 ne sont plus que de véritables infopubs pour les partis et les candidats. Une vaste émission publicitaire qui est conçue pour la télévision et où les membres du parti ne sont que des figurants – qui sont tout à fait disposés à payer pour le plaisir de faire partie du spectacle!

Alexandre et Richard ont la rare capacité de décoder certains des aspects les plus importants de la culture politique américaine comme cette zone de confort que les présidents doivent nécessairement établir avec leurs commettants. Parce que les Américains éliront plus facilement quelqu'un avec qui ils auraient envie de prendre une bière plutôt qu'un candidat dont ils approuveraient le programme. C'est ce qui explique comment un Ronald Reagan a pu être l'un des présidents les plus populaires du 20e siècle, alors que la majorité des électeurs n'approuvaient pas nécessairement ses idées.

Toutes ces explications de la politique américaine ne se prennent pas trop au sérieux. On sourira souvent en parcourant cet abécédaire, ce qu'il ne faut pas nécessairement faire dans l'ordre alphabétique qu'ont voulu y donner ses auteurs. *Les clés de la Maison-Blanche : Sexe, fric et vote* se lit tout aussi bien en tombant sur une page ou un sujet un peu au hasard.

C'est ce qui fait qu'on y vient, revient et revient encore, mais toujours avec le même plaisir.

Michel C. Auger

★ ★ ★ Introduction ★ ★ ★

Au moment où l'idée de cet abécédaire a été conçue, Sarah Palin n'avait pas encore renoncé à briguer la présidence des États-Unis en 2012, une perspective qui troublait notre sommeil.

Mettez-vous à notre place : passionnés de politique américaine, nous avions convenu d'écrire ensemble un guide sur tout ce qui touche de près ou de loin au processus qui mène à l'élection du président des États-Unis d'Amérique.

C'était un beau défi, qui se serait cependant avéré pénible si l'ancienne gouverneure d'Alaska avait remporté l'investiture républicaine. En effet, comment aurions-nous pu expliquer qu'un des grands partis politiques américains ait choisi une personne qui ne comprend pas que l'Afrique est un continent plutôt qu'un pays ? Heureusement pour nous – et pour les Américains ! –, Sarah Palin a décidé de ne pas se lancer dans la course, préférant continuer à gazouiller sur Twitter, tempêter sur Facebook et s'enrichir sur Fox News. De sorte que nous avons pu mettre notre projet à exécution, consacrant nos énergies à expliquer les aspects les plus sérieux d'une élection présidentielle américaine – du collège électoral aux débats télévisés en passant par la conjoncture économique – mais aussi les plus inusités. Incluant l'importance des cheveux (oui, vraiment !) et de la climatisation (on ne plaisante pas !) sur le choix du politicien le plus puissant de la planète.

Ce livre représente notre première collaboration à l'extérieur des pages de *La Presse*. Nous avons travaillé de concert pour ce quotidien lors des campagnes présidentielles de 2004, 2008 et 2012.

Le graphiste Philippe Tardif a été associé à notre projet dès le départ. Il a été à l'origine de certains des concepts les plus audacieux que vous découvrirez au fil de votre lecture. Nous tenions à le souligner.

Le Bureau ovale

Axelrod Amérique

Âge

Il y a un âge minimum pour être candidat à la Maison-Blanche, mais peut-on être... trop vieux?

Selon la Constitution américaine, il faut avoir au moins 35 ans pour devenir président américain. Or, si le document ne mentionne aucun âge maximum pour occuper ces fonctions, la question est souvent évoquée publiquement aux États-Unis lorsqu'un candidat a atteint un âge vénérable. En 2008, l'âge du candidat républicain, John McCain, a fait couler beaucoup d'encre et apparaissait à certains comme un handicap. D'autant plus que sa colistière, Sarah Palin, qui se serait littéralement retrouvée à un battement de cœur de la présidence en tant que vice-présidente du pays, manquait d'expérience. Si McCain avait remporté l'élection, il aurait fait son entrée à la Maison-Blanche à l'âge de 72 ans. Un record. À ce jour, le plus vieux candidat à avoir été élu pour un premier mandat est le républicain Ronald Reagan. Il avait 69 ans lorsqu'il a vaincu le démocrate Jimmy Carter, le 4 novembre 1980. La question de l'âge risque fort de se poser de nouveau en novembre 2016. L'ambitieuse Hillary Clinton pourrait se lancer dans la course à la Maison-Blanche chez les démocrates. Si tel est le cas, elle célébrera ses 69 ans quelques jours avant le scrutin présidentiel. Ses détracteurs se feront un malin plaisir de le souligner.

Les plus jeunes présidents

C'est **Theodore Roosevelt** qui remporte la palme du plus jeune président de l'histoire des États-Unis. Il était âgé de 42 ans lorsqu'en tant que vice-président du pays, il a remplacé au pied levé le président William McKinley, assassiné en 1901. Mais qui fut le plus jeune président élu ? **John F. Kennedy**, en 1960, à l'âge de 43 ans.

Roosevelt

Kennedy

Atwater

Sur son lit de mort, le parrain de la « campagne négative » aux États-Unis a éprouvé le besoin de se faire pardonner ses coups bas.

Atteint d'une tumeur au cerveau dans la force de l'âge, il s'est mis à écrire fiévreusement des lettres à tous ceux qu'il avait blessés au service de Ronald Reagan, George Bush père et Strom Thurmond, ex-gouverneur ségrégationniste de son État natal, la Caroline du Sud, entre autres. Il s'est même excusé publiquement pour sa « cruauté » envers Michael Dukakis, l'adversaire malheureux de

Bush père lors de l'élection présidentielle de 1988. Bon vivant et excellent guitariste de blues à ses heures, Atwater a été emporté par son cancer le 29 mars 1991, à l'âge de 40 ans. L'histoire ne dit pas si le maître de la politique de caniveau brûle encore en enfer. Mais ses tactiques sulfureuses – rumeurs diffamatoires, pubs trompeuses ou mensongères, appels à peine voilés au racisme – lui survivent. Son ancien compagnon d'armes, Karl Rove, architecte des victoires électorales de George W. Bush, figure d'ailleurs parmi les stratèges politiques américains qui ont assuré la pérennité de son influence.

★ ★ ★ Ce qu'il a dit ★ ★ ★

« La maladie m'a aidé à voir que ce qui faisait défaut dans la société est ce qui faisait défaut en moi : un peu de cœur, beaucoup de fraternité. »

« La perception est la réalité. »

Le plus grand fait d'armes d'Atwater – et aussi sa plus grande « cruauté » – aura été d'avoir orchestré sans que rien n'y paraisse une campagne publicitaire dévastatrice contre Dukakis mettant en vedette un criminel afro-américain nommé Willie Horton, emprisonné pour un meurtre commis en 1974. En 1986, alors que Dukakis était gouverneur du Massachusetts, Horton a profité d'une permission de sortie accordée par l'État à certains détenus pour s'enfuir au Maryland, où il a violé une femme blanche devant son mari. « Quand la campagne sera finie, tout le monde connaîtra le nom de Willie Horton », a prédit en juin 1988 Atwater, qui agissait alors comme directeur de la campagne de Bush.

L'équipe électorale du candidat républicain a laissé à un groupe soi-disant indépendant, America for Bush, le soin de réaliser et de diffuser une publicité rappelant le crime de Willie Horton.

Une publicité approuvée par les chaînes de télévision américaines avant que son réalisateur, Larry McCarthy, ne rajoute à la dernière minute la photo d'identité du violeur noir, qui apparaissait durant 22 des 30 secondes de la version finale de la pub. Celle-ci a été diffusée du 21 septembre au 5 octobre 1988.

Le matraquage publicitaire a fini par convaincre une grande partie de la population américaine que Michael Dukakis avait personnellement libéré un tueur et un violeur noir, alors que le programme de permission de sortie avait en fait été mis en place par son prédécesseur républicain. Tant Atwater que Bush ont nié à l'époque toute responsabilité dans cette campagne publicitaire qui exploitait sans détour les peurs raciales des électeurs blancs. Sur son lit de mort, Atwater est cependant passé aux aveux et a fait son *mea culpa*, reconnaissant avoir été le maître d'œuvre de ce énième coup bas. Quant à Larry McCarthy, le réalisateur de la pub, il s'est mis au service, en 2012, d'un groupe « indépendant » favorable à Mitt Romney.

Axelrod

Si le stratège démocrate avait eu le dernier mot, Barack Obama aurait peut-être remporté en février 2011 son troisième mandat à la mairie de Chicago.

Après tout, David Axelrod avait conseillé à son ami de briguer en 2003 l'Hôtel de Ville de la « Ville des vents » plutôt que le Sénat des États-Unis. Depuis 1987, cet ancien journaliste du *Chicago Tribune*, né en 1955 dans une famille de juifs progressistes de New York, s'était fait une spécialité d'aider des candidats afro-américains à se faire élire ou réélire à la mairie de grandes villes américaines, en commençant par le légendaire Harold Washington, premier maire noir de Chicago. Il avait par la suite servi de stratège à Dennis Archer (Detroit), Michael White (Cleveland), Anthony Williams (Washington), Lee Brown (Houston) et John Street (Philadelphie). Mais Barack Obama visait plus haut que la mairie de Chicago.

Axelrod allait cependant convaincre Obama de prendre la parole, en octobre 2002, lors d'une manifestation contre la guerre en Irak organisée par une amie commune, Betty Lou Saltzman, une des fortunes démocrates de Chicago. Ce rôle représentait un certain risque pour le jeune politicien.

En 1991, plusieurs démocrates avaient nui à leur avenir politique en s'opposant à la guerre du Golfe. Or, tout en se gardant de jouer les pacifistes, Obama devait prononcer ce jour-là un discours contre la guerre en Irak qui allait s'avérer déterminant dans sa campagne présidentielle de 2008. « Je ne suis pas contre toutes les guerres », avait déclaré celui qui n'était encore qu'un obscur sénateur local, avant d'ajouter : « Ce à quoi je m'oppose, ce sont les guerres stupides. »

Quelques mois plus tard, Obama embauchait son ami « Ax » pour lui servir de conseiller dans sa campagne au Sénat des États-Unis. Depuis lors, le stratège à la mèche rebelle et aux airs de chien battu est parfois appelé « le Karl Rove de Barack Obama ». La comparaison est boiteuse.

Contrairement à Rove, Axelrod n'est pas du genre à s'asseoir devant une carte électorale pour analyser l'évolution du vote dans telle ou telle circonscription à travers les années. Il laisse cette tâche à David Plouffe, partenaire de sa firme, AKPD Message and Media. Sa spécialité à lui, c'est la pub, le slogan, l'histoire (« the narrative »), bref, tout ce qui peut lui permettre de « vendre » un candidat. Malgré son métier de faiseur d'images, David Axelrod possède un trait dont Karl Rove semble dénué : l'idéalisme. Un de ses amis du *Chicago Tribune* le qualifie même de « rêveur ». Mais s'il n'a rien du mercenaire cynique de la politique, il peut se montrer agressif, voire impitoyable, face à d'anciens alliés. Hillary Clinton, qui l'avait pourtant aidé en 1998 à créer une fondation contre l'épilepsie (dont souffre sa fille), l'a découvert durant la course à l'investiture démocrate de 2008.

Après l'élection d'Obama, Axelrod a choisi de suivre son poulain à la Maison-Blanche, contrairement à un James Carville, ex-stratège de Bill Clinton, qui a continué à monnayer ses services aux plus offrants. Son expérience à titre de conseiller spécial du président n'a pas été concluante.

Avant et après la déconfiture démocrate aux élections de mi-mandat de 2010, Axelrod a été pointé du doigt pour les ennuis du président à convaincre les Américains du bien-fondé de ses politiques, dont son plan de relance économique et sa réforme du système de santé. Depuis son départ de la Maison-Blanche au début de 2011, Axelrod a rejoint sa famille à Chicago, où il se concentre sur la réélection de Barack Obama. Il a été remplacé au 1600 Pennsylvania Avenue par l'autre David (Plouffe).

★ ★ ★ Slogans présidentiels ★ ★ ★

Change We Can Believe In

(Le changement auquel on peut croire)
— **Barack Obama**, 2008

Reformer With Results

(Un réformateur avec des résultats)
— **George W. Bush**, 2000

Building A Bridge To The 21st Century

(Construire un pont vers le 21e siècle)
— **Bill Clinton**, 1996

Don't Change Horses In The Middle Of The Stream

(Ne changez pas de chevaux au milieu du gué)
— **Franklin Roosevelt**, 1944

Bière Bush

Baromètre

Ainsi va le Maine, vont les États-Unis. Eh oui, il fut un temps où le Maine était le baromètre de la vie politique américaine !

Jusqu'en 1936, l'État de la Nouvelle-Angleterre a en effet eu la réputation de voter toujours pour l'éventuel gagnant de l'élection présidentielle. Cette année-là, cependant, ses électeurs ont été les seuls, avec ceux du Vermont, à préférer le républicain Alf Landon au démocrate Franklin D. Roosevelt, qui a enlevé tous les autres États américains. Ce verdict a incité le directeur de la campagne de Roosevelt à réviser la théorie : « Ainsi va le Maine, va le Vermont. »

De nos jours, trois États se disputent le titre de baromètre politique par excellence. Avant 2008, le Missouri était le seul État à avoir choisi le candidat gagnant dans toutes les élections présidentielles depuis 1904, à l'exception de celle de 1956. Cette année-là, le Missouri avait préféré, par moins d'un point de pourcentage, le démocrate Adlai Stevenson au républicain Dwight D. Eisenhower, élu à la Maison-Blanche dans un raz-de-marée électoral.

Les électeurs de cet État du Midwest se sont également trompés de très peu en 2008 en accordant 49,4 % de leurs suffrages au républicain John McCain contre 49,3 % au démocrate Barack Obama.

Ce verdict, aussi serré soit-il, a fait perdre au Missouri son statut d'État baromètre par excellence, selon des chercheurs de l'Université du Minnesota. Dans une étude publiée en 2011, ils ont conféré le titre à un nouveau champion, l'Ohio, notant que cet autre État du Midwest est le seul à avoir choisi le candidat gagnant dans les 12 dernières élections présidentielles. Le Buckeye State, comme on le surnomme, a également choisi le vainqueur dans 25 élections sur 27 depuis 1904, égalant ainsi la marque du Missouri.

Le Nevada peut également revendiquer le statut d'État baromètre par excellence, ayant le taux de succès le plus élevé au cours des 100 dernières années, soit 96 %. Le Silver State a en effet choisi le vainqueur dans 24 des 25 dernières élections présidentielles. Ses électeurs ont mis fin à une série de 16 choix gagnants (un record qu'ils partagent avec ceux du Nouveau-Mexique) en préférant Gerald Ford à Jimmy Carter en 1976. Pour rejoindre le Nevada et le Nouveau-Mexique* au panthéon des États baromètres, l'Ohio devait donc voter non seulement pour le candidat gagnant de l'élection présidentielle de 2012, mais également de celles de 2016, 2020, 2024 et 2028. Une grosse commande.

---

* Si l'on tient seulement compte du vote populaire, le Nouveau-Mexique aura également choisi le candidat gagnant dans 24 des 25 dernières élections présidentielles, ayant préféré le démocrate Al Gore au républicain George W. Bush en 2000.

Ben Laden

Ben Laden

Le défunt chef d'Al-Qaïda n'a jamais joui du droit de vote aux États-Unis. Mais il aura, de son vivant, joué un rôle dans deux élections présidentielles et également, de façon posthume, dans celle de 2012.

Retournons d'abord à l'automne 2004. Cinq jours avant le scrutin, Oussama ben Laden a fait entendre sa voix, offrant «un joli cadeau au président» George W. Bush, pour reprendre les mots que le journaliste Ron Suskind a attribués à John McLaughlin, alors directeur adjoint de la CIA, dans son livre *La guerre selon Bush*.

Dans une harangue de 18 minutes adressée aux Américains, le commanditaire des attentats du 11 septembre 2001 a menacé les États-Unis de nouvelles attaques et ridiculisé Bush. «Nous n'aurions pas pensé que le commandant en chef de ce pays laisserait 50 000 (sic) de ses concitoyens dans les deux tours parce qu'il pensait qu'écouter un enfant discuter des chèvres était plus important, ce qui nous a donné trois fois le temps dont nous avions besoin pour mener à bien les opérations», a-t-il déclaré.

Ben Laden pensait peut-être nuire à Bush en faisant référence à cette fameuse scène où l'on voit le 43ᵉ président des États-Unis rester, pendant sept longues minutes, les jambes croisées face à des élèves dans une école primaire de Floride, alors que commence l'Apocalypse à New York. Or, à l'instar de McLaughlin, la plupart des observateurs jugent que le Saoudien a fait une faveur au Texan de la Maison-Blanche en faisant resurgir la menace terroriste à la toute fin d'une campagne où le républicain et son adversaire démocrate, John Kerry, étaient à égalité.

Oussama ben Laden n'a pas soufflé mot à la veille de l'élection présidentielle de 2008 mettant aux prises le républicain John McCain au démocrate Barack Obama. Mais ce dernier a formulé au cours de sa campagne historique une promesse qui devait à jamais priver de parole l'ennemi numéro un des États-Unis. Exprimant son inquiétude face aux «régions tribales du Pakistan, où les terroristes s'entraînent et d'où les insurgés frappent en Afghanistan», le sénateur de l'Illinois a prévenu que, si le Pakistan ne faisait rien, les États-Unis allaient supprimer «des cibles terroristes de haut niveau comme ben Laden si elles sont dans leur ligne de mire».

On connaît la suite de cette histoire, qui a incité le vice-président Joseph Biden à proposer un slogan informel pour l'élection présidentielle de 2012: «Ben Laden est mort et General Motors est vivant.»

Bière

Le mot bière dans un abécédaire sur la course à la Maison-Blanche ? Non, ce n'est pas une erreur d'impression. Au contraire.

À peu près tous les analystes politiques qui se respectent s'entendent pour dire que les Américains votent souvent, par-dessus tout, pour le candidat avec lequel ils auraient envie d'aller prendre une bière. Faites le test. Au fil des ans, la tendance ne se dément pas. Qui auraient-ils invité à partager une bière en 1980 ? Un Jimmy Carter renfrogné à l'issue de son premier mandat ou un Ronald Reagan qui transpirait l'optimisme et déridait tout un chacun avec ses blagues ? Ils ont voté pour Reagan. Et en 1992, à qui auraient-ils demandé de décapsuler leur breuvage houblonné ? À un Bill Clinton affable et charismatique ou à un George Herbert Walker Bush guindé et tout sauf empathique ? Ils ont voté pour Clinton. Un tel scénario se répète presque à tout coup. On aimerait croire que, lorsque les Américains votent pour élire le chef d'État le plus puissant du monde, ils effectuent une recherche exhaustive, lisent dans le détail les programmes des candidats, évaluent leurs aptitudes et leur leadership à la lumière de leurs parcours sur une période de cinq, dix ou vingt ans, etc. Mais la réalité est souvent beaucoup plus prosaïque...

 UN PEU D'HISTOIRE

La bière d'Obama

Le premier président noir des États-Unis, **Barack Obama**, est aussi le premier chef d'État américain à avoir produit sa propre bière à la Maison-Blanche. Et il a lui-même acheté l'équipement nécessaire. Une raison de plus pour que les contribuables trinquent à sa santé !

Barack Obama

Bush

Deux Bush à la Maison-Blanche, ça devrait suffire, n'est-ce pas ?

La réponse semble évidente aux yeux de plusieurs Américains. Après tout, George Bush père n'a-t-il pas été congédié sommairement après un seul mandat ? Et son fils aîné n'a-t-il pas quitté le 1600 Pennsylvania Avenue avec une cote de popularité en dessous des 30 % (selon Gallup). Qu'à cela ne tienne ! Certains Bush, et non les moindres, en redemandent. « J'aimerais le voir briguer la présidence un jour », a déclaré George Bush père en janvier 2009. Il parlait de son fils Jeb, sur lequel il avait déjà misé pour répéter l'exploit des Adams de faire entrer deux présidents de la même famille à la Maison-Blanche (ce rêve avait pris une tournure inattendue après que George Bush fils, mouton noir de la famille, eut été élu au poste de gouverneur du Texas le 8 novembre 1994, le même jour où, contre toute attente, Jeb échoua dans sa première tentative d'accéder à la même fonction en Floride). Trois ans après son beau-père, Laura Bush a renchéri : « Nous le voulions cette fois-ci. » Elle faisait ainsi allusion à l'espoir qu'elle et son mari ont entretenu de voir Jeb se mesurer contre Barack Obama. Plusieurs républicains ont exprimé le même souhait, voyant en Jeb Bush la meilleure solution de rechange aux candidats médiocres ou franchement farfelus qui ont brigué l'investiture républicaine pour l'élection présidentielle de 2012. Or, au désespoir de ses admirateurs, l'intéressé a répété à maintes reprises qu'il n'avait pas l'intention d'entrer en lice. Bien sûr, il pourrait changer de refrain en 2016. Il sera alors âgé de 63 ans et le souvenir des administrations Bush I et Bush II se sera estompé. N'empêche, si un tel scénario se confirmait, les questions suivantes ne manqueraient pas d'être soulevées. Pourquoi les Bush estiment-ils que leur famille devrait continuer à exercer son influence déjà fort controversée sur la vie politique américaine ? N'en ont-ils pas déjà fait assez ou trop ? Croient-ils former une dynastie quasi monarchique ?

Si Dieu lui prête vie jusque-là, George Bush père pourrait sans doute répondre à ces questions en ressortant la réponse qu'il a servie en janvier 2009 à l'intervieweur de Fox News, Chris Wallace, qui s'étonnait des ambitions présidentielles qu'il nourrissait pour Jeb.

« Il s'agit de servir », avait-il alors déclaré en mettant ainsi son rêve sur le compte de l'altruisme.

Servir ? Tu parles ! Sans tomber dans la paranoïa ou les théories de conspiration à deux sous, il faut reconnaître que la famille Bush a toujours su ménager les intérêts économiques et sociaux qui l'ont enrichie et catapultée au sommet de la politique américaine. Et cela est vrai depuis l'époque lointaine – on parle du début du 20e siècle – où le patriarche du clan, Samuel Bush, a jeté les fondements de la puissance familiale en se taillant des succès dans l'acier, les chemins de fer et les armes, tout en tissant de précieuses alliances dans la finance. Lui ont emboîté le pas son fils Prescott, son petit-fils George, et son arrière-petit-fils, également prénommé George. Ces derniers sont passés de la finance au pétrole et du pétrole à la politique, en faisant un détour par la société Skull and Bones, l'ordre secret fondé sur le campus de l'Université de Yale au sein duquel George Bush père aurait notamment été recruté par la CIA, dont il a été plus tard le directeur.

Dans *American Dynasty*, un livre publié en 2004, l'ex-stratège républicain Kevin Phillipps revient avec force détails sur les politiques des Bush qui ont profité à des compagnies comme Enron, Zapata Petroleum et Halliburton, et influencé les relations des États-Unis avec des pays comme l'Irak et l'Arabie saoudite, dont certains dirigeants et ressortissants ont fini par se retourner contre les Américains avec les conséquences que l'on connaît. Phillips se montre prudent sur les liens entre Prescott Bush et les nazis. Vrai que ce Bush avait des parts – plutôt modestes – dans une banque de New York qui a financé le parti de Hitler et dont les avoirs ont été saisis par le gouvernement américain en 1942.

Mais l'auteur n'endosse pas les autres thèses sulfureuses concernant celui qui a représenté le Connecticut au Sénat des États-Unis de 1952 à 1963. Cela dit, il ne viendra jamais à Phillips de dire que les Bush sont en politique pour « servir » Monsieur et Madame Tout-le-Monde.

« Je sais combien il est difficile de mettre de la nourriture sur votre famille. »
— janvier 2000

« Cela prendra du temps avant de rétablir le chaos et l'ordre. »
— avril 2003

« Nos ennemis sont innovateurs et débrouillards, nous le sommes aussi. Ils n'arrêtent jamais de penser à de nouvelles façons de nuire à notre pays et à notre peuple, et nous non plus. » — août 2004

George W. Bush

Chine 中
Congrès 國

Cheveux

Les candidats à la Maison-Blanche ont de multiples raisons de se faire des cheveux blancs. De nos jours, l'une d'elles, c'est justement qu'on fait grand cas de... leurs cheveux.

Celui qui aura eu le plus de maux de tête à cause de sa chevelure, c'est John Edwards. Ce candidat démocrate s'est présenté à deux reprises à la course au leadership du parti. Une fois en 2004 et une autre en 2008. Cette année-là, John Edwards a perdu aux mains de Barack Obama. Plus tard, on a appris qu'il avait trompé sa femme – alors atteinte du cancer et décédée depuis. Avec sa nouvelle flamme, une employée de sa campagne, Rielle Hunter, il a eu un enfant. Ce n'est pas tout. Il a été accusé d'avoir détourné des sommes importantes pour les offrir à sa maîtresse. Les poursuites ont toutefois été abandonnées en juin 2012. Mais avant même que le monde ne s'écroule pour ce politicien en raison de sa libido mal contrôlée, sa campagne connaissait certains ratés. Et ses cheveux – une superbe tignasse toujours bien coiffée – y étaient pour quelque chose. Au printemps 2007, on a appris qu'il lui en coûtait 400 $ pour se faire couper les cheveux. Le salon Torrenueva Hair Designs de Beverly Hills avait facturé deux coupes de cheveux pour un total de 800 $ au compte de sa campagne. Tant les médias que ses rivaux ont fait leurs choux gras de cette information.

Ce n'était pas la première fois que les cheveux de John Edwards lui nuisaient. On le surnommait déjà depuis un certain temps « Breck Girl ». Du nom d'une célèbre campagne de publicité de la marque de shampoing Breck. Depuis 2003, en fait. Le *New York Times* avait alors cité un membre anonyme de l'équipe de campagne de George W. Bush. Celui-ci avait qualifié John Edwards de « Breck Girl de la politique américaine », lequel était à l'époque sur le point de devenir le colistier du démocrate John Kerry.

John Edwards n'a pas fait figure d'exception au cours des dernières décennies. Bill Clinton a lui aussi eu des démêlés avec la presse à cause de ses cheveux. L'affaire a fait la manchette en mai 1993. Le démocrate s'est fait couper les cheveux à bord de l'avion présidentiel, Air Force One, qui était posé sur le tarmac à l'aéroport de Los Angeles. On l'a accusé – à tort – d'avoir perturbé le trafic aérien ce jour-là. Les candidats à la Maison-Blanche, depuis, ont compris que la meilleure façon de désamorcer les futures attaques au sujet de leurs cheveux est de faire preuve d'autodérision.

Le républicain Mitt Romney apporte visiblement lui aussi un soin particulier à ses mèches grisonnantes. Quelques mois après avoir annoncé sa candidature, en 2011, il a lui-même surnommé « Hair Force One » l'avion qu'il utilisait pour faire campagne.

Quatre ans plus tôt, il était également candidat républicain à la Maison-Blanche lorsqu'il a été attaqué verbalement par le directeur de la campagne d'un de ses rivaux, Mike Huckabee. « Mon seul commentaire est : "ne touche pas à mes cheveux" », a-t-il répliqué. Les candidats s'exposeront bien sûr moins aux attaques de leurs rivaux s'ils trouvent un barbier sympathique dont les tarifs sont raisonnables. Un de ceux qui l'ont compris, c'est Barack Obama. Avant d'emménager à Washington, il a eu ses habitudes pendant plus de dix ans au Hyde Park Hair Salon, dans le quartier South Side de Chicago où il habitait avec sa femme et ses enfants. Le prix d'une coupe : 21 $. Son coiffeur, Zariff, est un grand gaillard aussi sympathique que peu loquace. Il a toutefois accepté, lorsque nous avons visité son salon en 2008, de nous révéler le secret de ce qu'il qualifie de « coupe Obama ». « Il y a court et il y a ras. Il est très important de ne pas confondre les deux. Ce doit être court sur le dessus et ras sur les côtés. »

À VOUS DE JOUER

Chacun cherche ses cheveux

Ces présidents américains cherchent leurs cheveux. Saurez-vous les aider ?

Réponses : 1- Ronald Reagan; **2-** Barack Obama; **3-** John F. Kennedy; **4-** Richard Nixon; **5-** George Washington; **6-** George W. Bush; **7-** Bill Clinton; **8-** Andrew Jackson; **9-** Abraham Lincoln.

La barbe de Lincoln

La barbe n'est aujourd'hui plus de mise chez les candidats
à la présidence. À l'époque d'**Abraham Lincoln**, c'était différent.
On raconte que lorsqu'il était candidat à la Maison-Blanche,
il s'est laissé pousser une barbe peu avant le scrutin du 6 novembre
1860 (lors duquel il est devenu président). Il aurait possiblement
été inspiré par la lettre d'une fille de onze ans de l'État de New York,
reçue quelques semaines plus tôt. «Toutes les femmes aiment les
hommes barbus et elles pousseraient leur mari à voter pour vous,
et comme ça vous seriez président», avait écrit la fillette.

1860   1865

Chine

« La situation présente est extraordinaire en ce que, à l'exception du Royaume-Uni, il n'existe peut-être aucun pays dont les perceptions globales soient plus proches des nôtres que la République populaire de Chine. (...) Pour dire les choses simplement, nous sommes aujourd'hui tacitement alliés. »

Impossible d'imaginer un président américain, aujourd'hui, coucher de telles affirmations sur papier.

Pourtant, c'est bel et bien le commandant en chef des États-Unis qui a tenu ces propos. Il s'agit de l'extrait d'une lettre expédiée par le républicain Richard Nixon à celui qui a été son conseiller à la sécurité nationale et son secrétaire d'État, Henry Kissinger. La missive a été écrite en 1973, lors d'un des périples chinois de Nixon.

En pleine guerre froide – entre les États-Unis et l'Union soviétique –, les Américains fumaient le calumet de la paix avec les Chinois. Une alliance stratégique qui mènera à la normalisation des relations diplomatiques entre les deux pays en 1979. Comparer les déclarations du président Nixon avec les avertissements reçus par George W. Bush en 2000 donne une idée de la dégradation de la relation entre les deux pays au cours des dernières décennies. George Tenet, alors directeur de la CIA, a mis en garde son commandant en chef avant même qu'il prenne ses fonctions. Les États-Unis font face à trois menaces d'envergure, a-t-il dit à George W. Bush environ une semaine avant l'assermentation de ce dernier.

1. Oussama ben Laden

2. La prolifération des armes de destruction massive

3. La montée en puissance du pouvoir chinois

Que s'est-il donc passé? D'abord, le massacre de la place Tiananmen en 1989 a eu l'effet d'une douche froide sur les tenants du réchauffement, en sol américain, entre Washington et Pékin. Tout comme, depuis, l'attitude de la Chine à l'égard des droits de la personne. La spirale économique descendante dans laquelle semblent coincés les États-Unis, parallèlement à l'ascension inéluctable de la Chine en tant que puissance économique, ne fait rien pour atténuer les tensions. L'empire du Milieu est le premier créancier étranger des États-Unis. Le pays détient plus de 1000 milliards en bons du Trésor américain. Sans parler du déficit commercial avec la Chine. Parallèlement, les dépenses de la Chine en matière de défense explosent et donnent l'impression à certains que le pays se prépare à la guerre. Et ses visées, entre autres en Afrique, semblent de plus en plus expansionnistes.

Il n'en fallait pas plus pour que l'opinion publique américaine perçoive la Chine comme un dragon menaçant et non plus comme un allié de circonstance.

Résultat : casser du sucre sur le dos de la Chine fait maintenant partie de la recette gagnante pour quiconque souhaite accéder à la Maison-Blanche.

En 2012, le candidat républicain à la Maison-Blanche, Mitt Romney, a diabolisé la Chine à plusieurs reprises lors de débats, d'allocutions et même dans un article publié dans les pages éditoriales du *Washington Post*. « Dès le premier jour de mon administration, je désignerais la Chine comme une manipulatrice de monnaie », a-t-il notamment promis. Quatre ans plus tôt, Barack Obama avait une attitude similaire. Il décriait la décision prise par le président républicain George W. Bush d'assister aux Jeux olympiques de Pékin. La relation entre Washington et Pékin est toutefois trop importante pour que les critiques qui fusent lors des campagnes électorales se traduisent par des décisions qui la mineraient. Une fois élus à la présidence, les candidats mettent rapidement de l'eau dans leur vin. Il y a beaucoup trop à perdre pour qu'un président américain tourne le dos à la Chine.

Climatisation

Carrier

Le Parti républicain peut dire merci à Willis Carrier, l'ingénieur américain qui inventa en 1902 le premier conditionneur d'air moderne.

Car n'eut été la climatisation, le Grand Old Party (GOP) n'aurait pas connu autant de succès électoraux depuis la deuxième moitié du 20e siècle. Il y a même lieu de croire que George W. Bush n'aurait pas été élu en 2000! Euh, pardon?

Stan Cox, chercheur au Land Institute de Salina, au Kansas, a défendu cette thèse inusitée sur l'impact politique de la clim dans *Losing Our Cool*, un livre paru en 2010. Cox part du constat suivant: le déplacement «massif» de la population de la Rust Belt – la «ceinture rouillée» formée des premiers États industriels américains (Pennsylvanie, Ohio, Indiana et Michigan) – vers la Sun Belt – la «ceinture ensoleillée» composée des États du sud et du sud-ouest des États-Unis – a coïncidé avec la prolifération des climatiseurs. Mais il y aurait là bien plus qu'une simple coïncidence. Selon Cox, la climatisation est un facteur déterminant dans cette migration qui a permis à la Sun Belt de revendiquer 70% de la croissance économique aux États-Unis depuis 1960 et de devenir le château fort du Parti républicain.

De là à dire que la climatisation a permis à George W. Bush de battre Al Gore, il n'y a qu'un pas, et Stan Cox le franchit allègrement. «C'est une thèse que je défends dans mon livre, même s'il est parfois imprudent de se livrer à ce genre d'analyse», a-t-il dit en entrevue, laissant échapper un éclat de rire. «Mais le fait est que la climatisation a contribué à accroître le poids démographique et politique de la Sun Belt. Avant 1960, aucun ticket présidentiel gagnant ne comportait de candidat du Sud. Après 1960, presque tous les tickets gagnants en avaient un. » En fait, depuis 1960, John F. Kennedy et Barack Obama sont les seuls présidents sur un total de neuf) à ne pas avoir vu le jour ou fait carrière dans un des États du sud ou du sud-ouest. Tous les autres – Lyndon Johnson, Richard Nixon, Jimmy Carter, Ronald Reagan, George Bush père, Bill Clinton et George W. Bush – sont issus de cette région. Barack Obama est donc le seul « nordiste » depuis Kennedy à s'être rendu à la Maison-Blanche sans l'aide d'un colistier « sudiste ». Il faut dire que l'État d'Hawaï, où est né l'ancien sénateur de l'Illinois, mériterait peut-être d'être inclus au sein de la « ceinture ensoleillée ».

★ ★ ★ La ceinture ensoleillée ★ ★ ★

La **Sun Belt** (en français la « ceinture ensoleillée ») se compose des États du sud et de l'ouest des États-Unis, dont le dynamisme économique et démographique a transformé la vie politique américaine au cours des dernières décennies.

Collège électoral

Il ne faut surtout pas croire que les Américains élisent leur président lorsqu'ils se rendent aux urnes, tous les quatre ans, le mardi suivant le premier lundi du mois de novembre.

Ce serait trop simple. Ce qu'ils font en toute connaissance de cause – du moins, on présume qu'ils le savent –, c'est de choisir les 538 «grands électeurs» qui forment le collège électoral, cette institution archaïque et obscure à laquelle les pères fondateurs ont confié la responsabilité de désigner à majorité absolue le président des États-Unis. La composition du collège électoral est déterminée par l'article II de la Constitution de 1787, selon lequel chaque État nomme «un nombre d'électeurs égal au nombre total de sénateurs et de représentants auquel cet État peut avoir droit au Congrès», où siègent 100 sénateurs et 435 représentants (depuis 1961, il faut ajouter à ce total les trois grands électeurs du District de Columbia, qui englobe la capitale fédérale de Washington). Et d'où vient l'idée qui a donné naissance au collège électoral? Elle découle en partie d'un «grand compromis» constitutionnel qui promeut le fédéralisme américain en conférant notamment aux petits États un pouvoir politique par personne plus grand que celui des grands États. Ainsi, les quelque 50 0000 habitants du Wyoming ont droit à trois grands électeurs, soit un grand électeur par 166 666 habitants, alors que les quelque 34 millions de Californiens n'ont droit qu'à 55 grands électeurs, soit un grand électeur par 618 181 habitants. Dans 48 États sur 50, tous les grands électeurs sont alloués au candidat présidentiel ayant obtenu le plus de voix. Le Maine et le Nebraska font exception à cette règle, répartissant leurs grands électeurs entre les candidats. Le gagnant de l'élection présidentielle est celui qui réussit à remporter la victoire dans des États totalisant au moins 270 grands électeurs. Aussi anachronique soit-il, ce système pèse aussi lourd aujourd'hui qu'hier dans la stratégie électorale des candidats à la Maison-Blanche. Au cours des plus récentes campagnes présidentielles, ceux-ci ont ainsi eu

Les membres du 111e Sénat américain, en 2010

tendance à s'adresser moins souvent aux électeurs de New York, Los Angeles et Chicago qu'à ceux de Des Moines (Iowa), Albuquerque (Nouveau-Mexique) et Toledo (Ohio), des villes moins peuplées qui ont cependant la distinction de se trouver dans des États dont l'allégeance peut changer d'une élection à l'autre, ce qui n'est plus le cas de New York, de la Californie et de l'Illinois. Font également partie de la dizaine d'États considérés comme des « champs de bataille » la Floride, le Missouri, le Michigan, le Wisconsin et le New Hampshire, entre autres. L'élection présidentielle de 2000 a évidemment fait grossir les rangs des détracteurs du collège électoral, dont quelques-uns militent pour son abolition et son remplacement par un scrutin au suffrage universel. Pour la quatrième fois dans l'histoire américaine, le vainqueur au suffrage universel (le démocrate Al Gore) a dû s'incliner devant le candidat qui a obtenu le plus grand nombre de grands électeurs (le républicain George W. Bush). Mais l'intérêt pour un changement au collège électoral s'est vite étiolé, et ce, malgré l'imbroglio juridique qui a entouré le dépouillement des voix en Floride lors du scrutin de 2000. Après l'intervention de la Cour suprême des États-Unis, les 25 grands électeurs de cet État ont été décernés à Bush, qui a ainsi été élu à la Maison-Blanche avec un total de 271 grands électeurs, soit seulement un de plus que la majorité absolue.

★★★★★ À VOUS DE JOUER ★★★★★

Le collège électoral… à colorier

Comment devenir président américain ? La réponse se trouve sur cette carte, qui montre comment sont distribués les grands électeurs à travers les États-Unis. Nous vous proposons de l'utiliser pour déterminer aisément le gagnant de la prochaine course à la Maison-Blanche, en trois étapes. Il suffit de suivre ces instructions.

INSTRUCTIONS

1

Ayez sous la main le matériel suivant:

Un crayon rouge

Un crayon bleu

Une calculatrice

2 Lorsque les résultats du vote démontreront qu'un candidat a obtenu la victoire dans l'un des États, coloriez-le: en rouge si le gagnant est un républicain et en bleu s'il s'agit d'un démocrate. Ne faites que deux exceptions: le Maine et le Nebraska. Car dans ces États, le gagnant n'obtient pas automatiquement la totalité des grands électeurs disponibles. Vous devrez attendre d'en connaître la répartition. Sachez par ailleurs que l'heure du début du dépouillement des voix n'est pas la même partout.

3 Empoignez rapidement votre calculatrice (sauf si vous êtes fort en calcul mental) et additionnez le nombre de grands électeurs récoltés par chacun des candidats. Vous pourrez l'inscrire dans les cases prévues à cet effet. Dès qu'un politicien aura obtenu 270 grands électeurs ou plus, vous saurez qu'il deviendra le prochain président des États-Unis.

LÉGENDE

Les clés du collège électoral

Les chiffres inscrits sur la carte représentent le nombre de grands électeurs octroyés dans chaque État, en date de 2012.

Le nombre de grands électeurs, 538, équivaut au nombre de parlementaires au Congrès américain (100 membres du Sénat et 435 membres de la Chambre des représentants). On y ajoute 3 grands électeurs pour le district de Columbia, qui n'est pas un des 50 États américains.

Il faut le soutien d'au moins 270 grands électeurs pour devenir président.

Source : Cable-Satellite Public Affairs Network

— Les États-Unis d'Amérique —

Le Capitole

Congrès

Soyons clairs : les Américains ont toujours exprimé un certain mépris à l'égard du Congrès des États-Unis, le parlement bicaméral du gouvernement fédéral, composé du Sénat et de la Chambre des représentants.

« Je ne manque jamais de matériel lorsque le Congrès est en session », se moquait Will Rogers, célèbre humoriste du début du 20ᵉ siècle. Avant lui, le non moins célèbre écrivain Mark Twain ironisait dans la même veine : « Supposons que vous êtes un idiot. Et supposons que vous êtes un membre du Congrès. Mais je me répète. » Cela étant, le Congrès aura battu un nouveau record d'impopularité fin 2011, à l'approche d'une année électorale devant mettre en jeu les 435 sièges de la Chambre, renouvelés tous les deux ans, ainsi qu'un tiers des 100 sièges du Sénat (les sénateurs sont élus pour six ans). Seulement 9 % des Américains approuvaient le travail de la branche législative du gouvernement, selon un sondage réalisé pour le *New York Times* et CBS News.

Le Congrès était donc moins populaire que Paris Hilton (15 %), BP durant la marée noire de 2010 (16 %), l'industrie pétrolière et gazière (20 %), les banques (23 %), Richard Nixon durant le Watergate (24 %), les avocats (29 %), l'industrie aérienne (29 %) et le fisc (40 %), selon divers sondages colligés par le *Washington Post* à l'époque.

Mince consolation : le Congrès n'était pas plus méprisé des Américains que le président vénézuélien Hugo Chavez (9 %) et l'ancien dictateur cubain Fidel Castro (5 %).

Plusieurs facteurs expliquent cette impopularité, dont la propension des parlementaires américains à se soumettre à divers lobbys, qui financent leurs campagnes électorales et consacrent des fortunes pour les influencer au moment de la rédaction des textes de loi. Ainsi, en plein cœur de la bataille sur la réforme du système de santé en 2009, près de 1,4 million de dollars par jour ont été dépensés en frais de lobbying par des intérêts particuliers

★ ★ ★ Le Congrès américain ★ ★ ★

L'élection de mi-mandat du 2 novembre 2010 a changé le rapport de force
à Washington, redonnant aux républicains la majorité à la Chambre
des représentants et réduisant la majorité des démocrates au Sénat,
comme l'illustrent les graphiques de cette page.

★★★★★★★★★★★ Le Sénat des États-Unis ★★★★★★★★★★★

100 sièges, 51 nécessaires pour former la majorité,
un tiers des sièges en jeu tous les deux ans.

Républicains : **47**
Gain: **+6**

Démocrates : **51**
Perte : **-6**

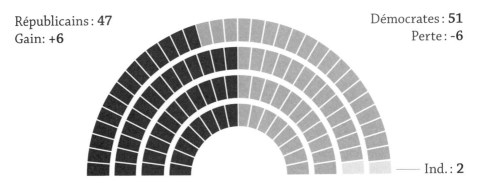

—— Ind. : **2**

★★★★★★ La Chambre des représentants des États-Unis ★★★★★★

L'ensemble des 435 sièges en jeu tous les deux ans,
218 sièges nécessaires pour former la majorité.

Républicains : **242**
Gain : **+63**

Démocrates : **193**
Perte : **-63**

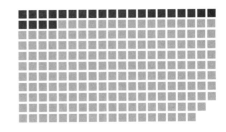

LÉGENDE: ■ Républicains   ■ Démocrates   ■ Indépendants   Source : U.S. Congress

allant de l'industrie pharmaceutique aux compagnies d'assurance en passant par les syndicats ou les associations de médecins.

Les règles byzantines du Congrès, surtout celles du Sénat, alimentent également la frustration du public américain. Au cours des dernières années, les sénateurs républicains ont notamment multiplié les recours au « filibuster », une procédure qui permet à une minorité de bloquer l'adoption d'un projet de loi ou la nomination d'un juge.

Pour contrer un tel blocage, la majorité doit recueillir le soutien de 60 sénateurs, un seuil que les démocrates ont souvent eu du mal à atteindre depuis 2006.

Mais il n'y a pas que les règles du Congrès et le poids des lobbys qui alimentent la frustration du public. Il y a aussi l'attitude de plus en plus partisane des élus, qui semblent considérer comme une haute trahison tout compromis avec le parti adverse. Après le triomphe de son parti lors des élections de mi-mandat de 2010, le chef de la minorité républicaine du Sénat, Mitch McConnell, a exprimé de façon plutôt crue cette attitude, qui s'est accentuée depuis l'émergence du Tea Party, ce mouvement populiste et conservateur.

« La chose la plus importante que nous voulons réaliser, c'est que le président Obama ne remporte pas un nouveau mandat », a-t-il dit, reléguant ainsi au second plan des dossiers aussi importants que l'emploi, le déficit et l'Afghanistan.

Convention

Officiellement, les conventions des deux grands partis aux États-Unis servent à désigner les candidats à la présidence.

En réalité, de nos jours, ces événements de grande envergure, qui ont lieu quelques semaines avant l'élection présidentielle, ne sont guère plus que des infopubs destinées à couronner les candidats et vanter leurs mérites. Et à convaincre le plus grand nombre possible d'électeurs d'en faire l'essai pour quatre ans !

Depuis plusieurs dizaines d'années, le suspense est absent de ces grands spectacles. C'est lors de la saison des primaires et des caucus qu'on détermine qui représentera chaque parti lors du scrutin présidentiel de novembre. Dès qu'un prétendant a récolté plus de 50 % des délégués (pour la plupart attribués selon les votes reçus par les candidats dans les divers États), les jeux sont faits. La convention ne fait que certifier ce couronnement. En grande pompe. Prenez la course entre Barack Obama et Hillary Clinton. Il s'agissait de la plus serrée des dernières décennies. Pourtant, elle a été tranchée avant même la convention, lorsqu'on a estimé que l'avance de Barack Obama, quoique mince, lui garantissait une victoire. Les partis ont tout intérêt à ce que le candidat soit sélectionné à l'avance. On évite ainsi des débats publics déchirants. Et on peut s'assurer de mettre sur pied une convention réglée au quart de tour pour mettre en valeur le prétendant à la Maison-Blanche et son colistier. Ce qui n'était pas le cas en 1924, par exemple, quand les démocrates ont sélectionné John W. Davis pour affronter le président républicain Calvin Coolidge. Il a fallu 103 tours de scrutin répartis sur 17 jours pour faire ce choix. Un record.

Heureusement pour les partis et pour les électeurs, les choses ont bien changé. La dernière fois que plus d'un tour de scrutin a été nécessaire pour désigner un candidat lors d'une convention, c'était en 1952 (le démocrate Adlai Stevenson l'emporta au troisième tour). Les conventions, donc, ne sont plus déterminantes. Mais elles demeurent on ne peut plus pertinentes.

Tout près d'un foyer sur trois aux États-Unis a écouté les discours des candidats en 2008. Dans le cas de celui de Barack Obama, ce sont 40 millions de personnes qui avaient les yeux rivés sur leur petit écran. Plus que le nombre d'Américains qui ont regardé la finale d'*American Idol* ou même la cérémonie d'ouverture des Jeux olympiques cette année-là. Quoi de mieux pour faire connaître un candidat, ses idées et son entourage ?

Quelle forme prennent les conventions ? Le spectacle retransmis sur le petit écran des électeurs consiste essentiellement en une série de discours prononcés par les ténors du parti. Y compris par certains politiciens aussi méconnus qu'ambitieux, qui y trouvent une occasion en or de se faire remarquer.

Barack Obama lui-même est entré dans l'Histoire avec son discours fédérateur à la convention démocrate de 2004 à Boston. Celle où John Kerry a été désigné candidat. Le choix des villes où se déroulent les conventions est par ailleurs hautement stratégique. Il a généralement valeur de symbole. Ainsi, les républicains de George W. Bush ont choisi New York en 2004 pour commémorer les attentats du 11 septembre qui avaient eu lieu trois ans plus tôt. Les démocrates de Barack Obama, pour leur part, ont sélectionné Charlotte (en Caroline du Nord) en 2012 pour tenter de séduire les électeurs d'un État clé dont le cœur balance souvent entre les deux partis. Une tactique bien connue. Cela étant dit, la course à la Maison-Blanche réserve toujours des surprises. Ne soyez donc pas étonné si un jour les journalistes brandissent à nouveau le spectre d'une convention négociée en cas de chaude lutte. C'est-à-dire une convention où des pourparlers entre candidats et délégués seraient nécessaires dans le but de choisir le gagnant de la course à l'investiture du parti. Une course extrêmement serrée et des rivaux qui refusent de concéder la victoire à l'un ou l'autre des candidats pourraient résulter en un tel cocktail explosif.

UN PEU D'HISTOIRE

N'ajustez pas votre appareil

C'est une tradition : le président sortant se fait un point d'honneur de participer à la convention du candidat qui cherche à lui succéder et fait son éloge lors d'un discours inspiré. Y a-t-il des exceptions ? Oui, bien sûr ! Lorsqu'un président sortant est impopulaire, par exemple. En 2008, **George W. Bush** n'a pas mis les pieds à Saint Paul, au Minnesota, où se déroulait la convention de John McCain. Il a prononcé une brève allocution, retransmise via satellite.

Quelque 80 millions d'Américains ont assisté au premier débat télévisé de l'histoire de la politique américaine entre le vice-président, **Richard Nixon,** et le sénateur du Massachusetts, **John F. Kennedy,** en 1960.

Drudge

Déception

Débats

Ils interviennent dans la campagne présidentielle après des mois de combats à distance.

Ils provoquent souvent une irrésistible montée d'adrénaline chez les candidats, modérateurs et téléspectateurs. Et ils donnent parfois lieu à des moments mémorables. Mais peuvent-ils vraiment changer l'issue d'une élection présidentielle ?

Après s'être penché sur cette question, l'institut de sondage Gallup est arrivé à une conclusion étonnante : les débats télévisés ont rarement eu un impact important sur le verdict des élections présidentielles des États-Unis, exception faite pour les tout premiers de l'histoire américaine, ceux de 1960 opposant John F. Kennedy à Richard Nixon, et ceux de 2000 mettant aux prises George W. Bush et Al Gore.

Kennedy et Nixon étaient à égalité dans les sondages avant la tenue du premier débat présidentiel présenté au petit écran, le 26 septembre 1960. Du point de vue de l'image, le contraste entre le démocrate de 43 ans et le républicain de 47 ans est frappant ce jour-là, comme le rappelle le Museum of Broadcast Communications sur son site : « En août, Nixon s'est blessé le genou, il a dû passer deux semaines à l'hôpital. Lors du premier débat, il pèse encore dix kilos de moins que son poids normal, il est pâle.

Il arrive au débat avec une chemise qui tombe mal et refuse d'être maquillé pour relever son teint. Kennedy, lui, a passé le début du mois de septembre en Californie. Il est bronzé, confiant et reposé. »

Après ce premier débat, Kennedy prend une avance de trois points sur Nixon dans les sondages. Après le quatrième débat, tenu fin octobre, il mène par quatre points. Il gagnera le vote populaire par seulement deux dixièmes de pourcentage de point mais cette victoire n'aurait pas été possible sans les performances du démocrate lors des débats télévisés, selon Gallup.

En 2000, Gore jouissait d'une avance de huit points sur George W. Bush avant le premier débat télévisé, tenu le 3 octobre. Trois jours après cet affrontement, le républicain et le démocrate étaient à égalité. Au lendemain du troisième et dernier débat, Bush devançait son rival par trois points. Le jour du scrutin, Gore a remporté le vote populaire par 50 0000 voix mais, selon Gallup, il aurait probablement enlevé le collège électoral si son avance de huit points n'avait pas fondu dans les semaines qui ont suivi le premier débat. Les débats de 1984, 1988 et 1996 ont eu peu ou pas d'impact sur le verdict des électeurs, selon Gallup (il n'y a pas eu de débats télévisés en 1964, 1968 et 1972, Lyndon Johnson et Richard Nixon ayant refusé de se livrer à cet exercice).

Les débats de 1980 et 1992 ont peut-être eu un impact sur le vote récolté par les candidats indépendants ayant participé à ces élections – John Anderson en 1980 et Ross Perot en 1992 – mais ils ne semblent pas avoir changé la trajectoire de la course entre les candidats des principaux partis.

Les débats télévisés

Même s'ils sont rarement décisifs, les débats télévisés ont engendré plusieurs moments marquants. En voici quelques-uns :

★ LA GAFFE (le 6 octobre 1976)

« Il n'y a pas de domination soviétique en Europe de l'Est, et il n'y en aura jamais sous une administration Ford. »
– **Gerald Ford**, candidat du Parti républicain

★ LA QUESTION (le 28 octobre 1980)

« Demandez-vous : " Est-ce que vous vous sentez mieux qu'il y a quatre ans ? " » – **Ronald Reagan**, candidat républicain

★ L'ÉCHANGE (le 5 octobre 1988)

« Gouverneur, si Kitty Dukakis était violée et assassinée, seriez-vous en faveur de la peine de mort pour le tueur ? »
– **Bernie Shaw**, journaliste de CNN

« Non, je ne le serais pas, Bernard. Et je pense que vous savez que j'ai été opposé à la peine de mort durant toute ma vie. Je ne vois aucune preuve d'un effet dissuasif, et je pense qu'il y a des façons plus efficaces de combattre la criminalité violente. »
– **Michael Dukakis**, candidat du Parti démocrate

★ LA RÉPLIQUE (le 13 octobre 1988)

« J'ai autant d'expérience au Congrès que Jack Kennedy en avait lorsqu'il a brigué la présidence. »
– **Dan Quayle**, candidat républicain à la vice-présidence

« Je connaissais Jack Kennedy ; Jack Kennedy était un de mes amis. Sénateur, vous n'êtes pas Jack Kennedy. »
– **Lloyd Bentsen**, candidat démocrate à la vice-présidence

Déception

Les candidats doivent s'y faire : c'est le destin de tout président américain. Il décevra.

Viendra ce jour où l'espoir manifesté lors de la campagne électorale fera place au désenchantement. La raison est simple : les attentes générées sont forcément presque toujours trop élevées et les tâches sont inévitablement herculéennes. C'est ce qu'a brillamment exposé le journaliste James Fallows, ex-rédacteur de discours du président Jimmy Carter, dans un long article sur la présidence publié en 2011 dans le *Atlantic Monthly*. Il a expliqué pourquoi les présidents finissent par décevoir leurs citoyens. Pour étayer son argumentation, il a dressé la liste des aptitudes d'un président potentiellement parfait. Aptitudes qu'aucun candidat ne peut posséder dans leur ensemble.

« Les présidents échouent parce que pour ne pas échouer, il faudrait, en cette ère de communications modernes et de responsabilités mondiales, une gamme de talents naturels et de compétences acquises qu'aucune personne réelle n'a jamais possédée. Notamment pour ce qui est des aptitudes intellectuelles – la capacité d'analyse pour faire face à la série de décisions à court et à long terme que doit sans cesse prendre un président. (Quelle est la gravité de la dernière provocation de la Corée du Nord ? Quelles sont les implications budgétaires à plus long terme d'un changement dans la formule de remboursement du Medicaid ?)

« Un président a besoin de clarté rhétorique et d'éloquence, de sorte qu'il puisse expliquer à son audience en sol américain et dans le monde les intentions derrière ses actions et, au moins aussi important, de sorte que tout le monde au sein de l'administration comprenne ses priorités assez clairement pour qu'il n'ait pas à s'engager dans les luttes politiques mineures afin qu'on tienne compte de ses préférences.

Bill Clinton

« Un président a besoin d'empathie et d'intelligence émotionnelle, de sorte qu'il puisse avoir le dessus lors des négociations politiques avec son propre parti et avec l'opposition à Washington. Et lors des négociations en face à face avec les dirigeants étrangers qui, autrement, vont tourner les talons en affirmant que ce président est "faible" et que son pays ne joue pas son rôle de leader.

« Il doit être confiant mais pas arrogant, ouvert d'esprit, mais pas une girouette ; résolu mais toujours souple ; avoir l'histoire en tête, mais les deux pieds dans le présent ; visionnaire, mais doté d'un sens pratique ; discipliné, mais pas poseur ni chef trop autoritaire.

« Il doit être en bonne forme physique, résistant aux maladies, et capable d'être pleinement alerte de façon immédiate lorsque le téléphone sonne à trois heures du matin – il doit pourtant être aussi capable de dormir chaque nuit, sans médicaments chimiques, malgré la tension constante.

« Idéalement, il devrait avoir une conscience de soi suffisante qui lui permettrait, alors qu'il est au centre d'un système qui le traite comme un empereur-dieu, d'identifier tout de même ses propres défauts et d'essayer d'y pallier. »

En somme, le poste de président américain est digne d'un surhomme.

Drudge

« Sexe, mensonges et bandes magnétiques. » L'expression vous dit quelque chose ?

Elle a été utilisée à plusieurs reprises aux États-Unis à partir de la fin des années 90. Plus précisément à l'époque où Bill Clinton a été accusé d'avoir eu des relations sexuelles avec une jeune stagiaire à la Maison-Blanche, Monica Lewinsky. Outre le sexe, l'expression faisait référence aux mensonges de Bill Clinton, qui a initialement nié avoir eu des ébats amoureux avec Monica Lewinsky. Quant aux bandes magnétiques, il s'agissait d'enregistrements (plus de 22 heures) d'appels téléphoniques où la jeune femme offrait moult détails sur sa relation avec le président à une confidente. L'expression en question était inspirée du populaire film de Steven Soderbergh, *Sex, Lies and Videotapes* (Sexe, mensonges et vidéo), qui a remporté la Palme d'or à Cannes en 1989.

La relation extraconjugale de Bill Clinton, c'est bien connu, a miné une bonne partie de son second mandat à la Maison-Blanche. Ce qu'on sait moins, c'est que ce même scandale, à l'inverse, a permis au polémiste Matt Drudge de lancer sa carrière. Et d'entrer dans l'histoire. C'est lui qui a, le premier, ébruité l'affaire sur son site web, le *Drudge Report*. Un reporter du magazine *Newsweek* enquêtait sur cette relation depuis de nombreux mois et Matt Drudge l'a appris. Sans aucun travail journalistique préalable, ce dernier a annoncé au monde entier que le président américain avait eu des relations sexuelles avec une stagiaire de 23 ans.

La méthode Drudge était née : controverse, provocation, mais fort peu de vérifications. Par le fait même, une nouvelle étape était franchie dans la façon dont les Américains s'informent sur la politique en général et la course à la Maison-Blanche en particulier. Ils ne se contenteraient dorénavant plus des grands réseaux et des quotidiens de référence. L'apport du Web, sous toutes ses formes, allait devenir crucial.

Jadis pionnier, Matt Drudge est dorénavant une référence. De nombreux acteurs de la scène politique à Washington et ailleurs aux États-Unis consultent son site dès leur réveil et y retournent plusieurs fois par jour.

« Si un article politique est joué de façon proéminente sur le *Drudge Report*, il est garanti que le sujet sera abordé par ceux et celles qui comptent dans les campagnes modernes. Il va teinter la perception des journalistes, des stratèges et même des candidats. Il va soulever des questions lors de conférences de presse et lors de séances d'information de la Maison-Blanche », a écrit le journaliste politique Mike Halperin, qui a été jusqu'à qualifier Matt Drudge de « Walter Cronkite de son époque ».

À la différence près que, contrairement à ce légendaire journaliste, Matt Drudge se moque de l'objectivité. Il soutient avec ferveur les républicains et se plaît à ridiculiser les démocrates.

Il a d'ailleurs joué un rôle de premier plan, en 2004, dans la diabolisation du candidat démocrate à la présidence, John Kerry, qui n'a jamais pu s'en remettre. Pas étonnant que le magazine *Time* ait réservé il y a quelques années, dans son palmarès des 100 personnes les plus influentes du monde, une place de choix à Matt Drudge.

Bill Clinton

Monica Lewinsky

Économie

Quel rôle les raquettes de tennis jouent-elles dans l'issue de la finale du tournoi de Wimbledon ?

Un rôle mineur, cela s'entend, le talent, l'endurance et la motivation des finalistes étant des variables beaucoup plus déterminantes. Eh bien, selon de nombreux économistes, politologues et autres experts, les candidats présidentiels sont à la course à la Maison-Blanche ce que les raquettes sont au tournoi de Wimbledon. On s'attend à ce que les partis se présentent devant l'électorat avec des candidats assez solides pour affronter les épreuves de la campagne. Mais ces derniers n'ont qu'un impact marginal dans l'issue de l'élection. Car ce qui compte vraiment, c'est… l'économie, idiot ! « It's the economy, stupid ! » Ce qui est devenu le slogan informel de la campagne présidentielle de Bill Clinton en 1992 n'était que le deuxième des mots d'ordre inscrits par le stratège James Carville sur un tableau accroché à un mur du quartier général du candidat démocrate à Little Rock, capitale de l'Arkansas : « The Economy, stupid. » Mais ce mot d'ordre résume ce que pensent plusieurs spécialistes des campagnes présidentielles aux États-Unis. Avant même que soit connue l'identité des candidats démocrate et républicain, ces experts peuvent généralement prédire si le parti qui détient le pouvoir à la Maison-Blanche parviendra à le conserver ou non. Ils ont développé à cette fin des modèles statistiques tenant compte de plusieurs variables économiques, dont le taux de chômage, le produit intérieur brut (PIB), le revenu disponible par personne et l'inflation, ainsi que des réponses des électeurs à des questions sur leur situation économique (question classique : « Êtes-vous plus à l'aise financièrement que l'an dernier ? »).

Le reste – la campagne présidentielle comme telle – s'apparenterait donc à ce que Shakespeare écrivait dans Macbeth au sujet de la vie, « cette fable racontée par un idiot, pleine de bruit et de fureur, et qui ne signifie rien ».

Mais attention : le taux de chômage n'est pas en soi une donnée déterminante. La variable clé est le changement dans le taux de chômage. Ainsi, même si ce taux demeure relativement élevé, les électeurs pourront se montrer indulgents à l'égard d'un président sortant si le pourcentage correspond à un changement positif dans le marché de l'emploi. Exemple : Ronald Reagan a été réélu après que le taux de chômage eut chuté de 9,7 % en 1982 à 7,2 % en novembre 1984. Un taux de chômage à peine plus élevé – de 7,5 % – n'avait cependant pas permis à Jimmy Carter d'obtenir un deuxième mandat en novembre 1980. Ce taux représentait une hausse importance par rapport à celui de janvier 1979, qui se situait à 5,8 %. Ce qui vaut pour le taux de chômage vaut aussi pour d'autres indicateurs économiques, dont le PIB ou le revenu disponible par personne, que plusieurs spécialistes considèrent comme étant la variable la plus utile pour prédire le gagnant d'une élection présidentielle.

Évidemment, les modèles statistiques ne sont pas infaillibles. Si c'était le cas, Al Gore aurait gagné l'élection présidentielle de 2000 face à George W. Bush. Certes, l'ancien vice-président a gagné le vote populaire par plus de 50 0000 voix. Mais certains spécialistes avaient prédit qu'il obtiendrait jusqu'à 55 % des suffrages, ce qui lui aurait valu une victoire facile au sein du collège électoral.

Les spécialistes invoquent deux raisons principales pour expliquer la victoire inattendue de George W. Bush. En préparant leurs modèles statistiques, ils n'ont pas tenu compte de l'impact de la candidature du candidat du Parti vert, Ralph Nader, qui a notamment privé Gore de voix précieuses en Floride. Et ils n'ont pu prévoir que Gore, dans sa volonté de se distancier de Bill Clinton, le mari volage, refuserait de faire campagne en vantant l'excellent bilan économique de l'administration démocrate dont il a pourtant été un rouage important. Les stratèges de Gore étaient sans doute trop polis pour lui rappeler le mot d'ordre de Carville : « C'est l'économie, idiot ! » Après tout, une raquette de tennis ne peut pas remporter à elle seule la finale de Wimbledon.

Espoir

« Je suis né dans une petite ville du nom de Hope, Arkansas, trois mois après la mort de mon père. » Ainsi débutait le documentaire conçu pour mousser la candidature de Bill Clinton à la présidence, en 1992.

Le film a eu un impact majeur sur le retour en grâce du candidat, esquinté lors de la course à l'investiture démocrate.

« Hope ». Traduction littérale : « espoir ». Le nom de la ville semblait taillé sur mesure pour un candidat à la présidence.

Cette année-là, à la toute fin de la convention démocrate, Bill Clinton a lancé à l'Amérique toute entière : « Je crois toujours en cet endroit qui se nomme espoir ! ». Tout le pays y a cru aussi. Bill Clinton a battu George Bush père. Car lorsque les Américains votent pour un candidat à la présidence, ils choisiront souvent celui qui trouve le moyen de les faire rêver. De leur faire croire qu'il peut rendre possible l'impossible. Leur cœur craquera pour celui qui manifeste un enthousiasme et une foi en l'avenir inébranlables. La notion d'espoir est indissociable d'une course à la Maison-Blanche.

« Le changement, nous pouvons y croire. » C'était le leitmotiv de Barack Obama. C'était aussi le titre du manifeste dans lequel il a présenté « son grand projet pour l'Amérique et pour le monde ». L'introduction était pour sa part intitulée : « L'espoir pour l'Amérique. » Le politicien démocrate, à la fin des années 2000, transpirait l'espoir. Et ses stratèges n'hésitaient pas à en rajouter. L'affiche la plus célèbre de sa campagne a été celle qui représentait le visage du politicien en bleu, blanc et rouge au-dessus du mot « espoir » en lettres majuscules. À l'origine, on y lisait le mot progrès. Les conseillers du candidat ont cependant demandé à l'auteur de l'œuvre, l'artiste Shepard Fairey, de la modifier pour y inscrire le mot espoir. L'espoir, l'optimisme et l'éloquence de Barack Obama lui auront permis de remporter une solide victoire face à John McCain. Les Américains avaient soif de jours meilleurs.

L'histoire démontre qu'un candidat optimiste, une fois élu, a tout avantage à ne pas se départir de ce trait de caractère. On considère souvent comme de grands présidents ceux qui ont non seulement promis la lune à leurs électeurs, mais qui leur ont aussi permis de croire qu'ils pourraient l'atteindre (y compris John F. Kennedy, qui s'était donné dix ans, en 1961, pour expédier un homme sur la lune !)

54

Tout ce qui monte redescend

Un président américain qui sème l'espoir court le risque de récolter... le désenchantement. L'ancien premier ministre britannique, Tony Blair, en a lui-même fait l'expérience. Dans ses mémoires, il explique ce paradoxe ainsi :

« Lorsque **Barack Obama** a livré et gagné cette fantastique bataille pour la présidence en 2008, je sais exactement ce qu'il pensait. D'abord, l'excitation et l'énergie créées par l'immense espoir qui repose sur les épaules du candidat ont pour effet de le soutenir, de le motiver, de donner à tout ce qu'il touche une aura magique. Le pays vole sur un petit nuage et vous le rejoignez là-haut, vous aussi.

« À un niveau plus profond, toutefois, vous comprenez très vite que, bien que vous soyez dépositaire de cet espoir, et en partie responsable de son existence, il vit maintenant de sa vie propre. Il est animé par un esprit qui échappe à votre contrôle. Vous voulez le capturer de nouveau, l'apprivoiser et le dresser, parce que son indépendance, vous le savez, va conduire l'opinion vers des attentes impossibles à satisfaire. Des espoirs d'une telle nature ne peuvent être satisfaits. C'est ce que vous souhaitez dire aux gens. Parfois, vous leur dites. Mais cet esprit est difficile à maîtriser. Et quand il finit par disparaître, il laisse vos partisans face à la réalité – une réalité que vous n'avez jamais niée et sur laquelle vous vous êtes efforcé d'attirer leur attention – et face au danger du désenchantement, plus cruel encore en raison de ce qui l'a précédé. »

État clé

Les États-Unis ont beau compter 50 États, il n'en demeure pas moins que leur élection présidentielle se déroule sur un champ de bataille beaucoup plus restreint.

En 2012, par exemple, l'issue de la course à la Maison-Blanche devait dépendre de huit à 12 « swing states », ou États clés, dont la majorité des électeurs pouvaient se tourner vers l'un ou l'autre des candidats (par opposition aux États dont le vote ne fait aucun doute comme la Californie – démocrate – ou le Texas – républicain). Voici donc la liste des 12 États clés de la campagne de 2012, selon la maison de sondage Gallup :

Les États clés en 2012

1. Caroline du Nord
2. Colorado
3. Floride
4. Iowa
5. Michigan
6. Nevada
7. New Hampshire
8. Nouveau-Mexique
9. Ohio
10. Pennsylvanie
11. Virginie
12. Wisconsin

Français

Fric

Fox News

Le 3 juin 1999, soit un an avant son embauche par Fox News, John Ellis affiche clairement ses couleurs dans le *Boston Globe*, un quotidien pour lequel il est chroniqueur.

« Je suis loyal à l'égard de mon cousin, George W. Bush. Je place cette loyauté au-dessus de ma loyauté à l'égard de quiconque à l'extérieur de ma famille immédiate », écrit-il en informant les lecteurs du *Globe* qu'il ne peut plus, en bonne conscience, commenter la politique américaine.

Qu'à cela ne tienne, John Ellis se verra confier par Roger Ailes, président de Fox News, la responsabilité de diriger l'équipe de la chaîne d'information continue qui doit déterminer, par le biais de projections, le gagnant dans chaque État lors de la soirée électorale du 7 novembre 2000. Et c'est ainsi que John Ellis jouera un rôle crucial dans la décision de Fox News de devancer toutes les autres chaînes de télévision américaines et de déclarer, à 2 h 26 du matin, que George W. Bush a battu Al Gore en Floride et remporté la Maison-Blanche (plus tôt dans la soirée, Fox News et les autres chaînes avaient donné puis retiré la victoire à Al Gore dans ce même État). Quelques minutes avant l'annonce de Fox News, John Ellis avait eu la dernière d'une série de conversations avec son autre cousin, le gouverneur de la Floride, Jeb Bush. Selon des témoins, il s'était écrié, après avoir raccroché : « Jebbie dit que nous l'avons ! Jebbie dit que nous l'avons ! » En déclarant George W. Bush vainqueur en Floride, Fox News a poussé les autres chaînes à lui emboîter le pas et peut-être faussé un résultat alors encore incertain. Chose certaine, la décision des chaînes américaines de couronner le candidat républicain a pesé dans la perception de l'imbroglio juridique qui allait suivre et prendre fin sur l'arrêt de la Cour suprême des États-Unis donnant la victoire à George W. Bush. Elle aura notamment permis aux médias conservateurs et aux adversaires républicains d'Al Gore de l'accuser de vouloir usurper la présidence.

Fondée en 1996, la chaîne Fox News n'a jamais joué un rôle plus direct et controversé dans l'issue d'une élection présidentielle aux États-Unis. Mais la chaîne du magnat de la presse Rupert Murdoch, dirigée comme elle est par Roger Ailes, un ancien conseiller de Richard Nixon, demeure une arme redoutable du Parti républicain et une courroie de transmission fiable de sa propagande.

À l'aube de 2012, la liste des candidats potentiels à l'investiture républicaine du GOP qui travaillaient pour Fox News était d'ailleurs impressionnante : Sarah Palin, Newt Gingrich, Mike Huckabee et Rick Santorum.

À ces noms s'ajoutait celui de Karl Rove, l'ancien stratège de George W. Bush, qui continuait en parallèle à aider la cause du Parti républicain par le biais de deux Super PAC, ces comités d'action politique qui peuvent recevoir des montants illimités pour soutenir ou attaquer tel ou tel candidat.

Roger Ailes ne trouve évidemment rien à redire aux liens incestueux entre le Parti républicain et Fox News, dont le slogan ne pourrait être plus orwellien (« Fair and Balanced », ou « honnête et équilibré »). Invité à témoigner devant une commission du Congrès sur la soirée électorale du 7 novembre 2000, il a refusé d'admettre que John Ellis se trouvait ce soir-là en situation de conflit d'intérêts inacceptable.

« Nous ne faisons pas, à Fox News, de discrimination contre les gens sur motif de liens familiaux », a déclaré Roger Ailes le plus sérieusement du monde.

Français

Bob Ney est peut-être idiot, mais il n'est pas hypocrite, contrairement à Newt Gingrich, qui a exploité en 2012 la francophobie d'une partie de l'électorat américain.

Mais d'abord, qui est Bob Ney? C'est à ce républicain d'Ohio que l'on doit le remplacement de l'appellation «french fries» par «freedom fries» (frites de la liberté) sur le menu des cafétérias de la Chambre des représentants, dont il avait la responsabilité. «La mesure prise est un effort petit mais symbolique pour exprimer le fort mécontentement de nombreux membres du Capitole à propos des décisions prises par notre soi-disant allié», avait déclaré le représentant Ney après le refus français d'appuyer une guerre américaine contre l'Irak. Si Ney exprimait là un sentiment sincère, on ne peut pas en dire autant de Gingrich, qui a donné le feu vert à une pub reprochant à Mitt Romney de maîtriser la langue de Molière, une tare impardonnable pour un candidat à la présidence américaine! «Et, tout comme John Kerry, il parle français!» disait le narrateur de cette pub qui prenait fin sur un clip où un Romney plus jeune se présente en français: «Bonjour, je m'appelle Mitt Romney.» L'ancien gouverneur du Massachusetts a appris le français au cours de ses deux années passées en France en tant que missionnaire mormon. Comme Kerry avant lui, il ne se vante cependant jamais de son bilinguisme au public américain, de peur d'être accusé d'élitisme ou, pire encore, de francophilie. Le plus drôle, ou le plus triste, c'est que Gingrich n'a rien d'un francophobe. En fait, il a vécu à l'adolescence deux ans à Orléans, où son père militaire était en poste. Il a décrit sa visite du site de la bataille de Verdun comme un des moments les plus importants de sa vie. Il a rédigé une thèse de doctorat sur le Congo belge avec des notes en français. Et il considère Charles de Gaulle comme étant l'une des plus grandes figures politiques du 20e siècle. Mais il ne fallait surtout pas le dire aux électeurs républicains de la Caroline du Sud ou de l'Alabama...

Fric

« Money Talks ». Le fric parle. Depuis le 21 janvier 2010, ce proverbe est plus vrai que jamais aux États-Unis.

Ce jour-là, la Cour suprême n'a invoqué rien de moins que la garantie constitutionnelle de la liberté d'expression pour autoriser les entreprises, les syndicats et les individus à financer – sans limite aucune – des PAC (comités d'action politique), qui appuient le candidat de leur choix.

Autant les personnes morales que les personnes physiques bénéficient du droit de faire valoir leur opinion. Et elles peuvent mobiliser les ressources qu'elles désirent pour assurer la diffusion de spots publicitaires ou de documentaires attaquant ou soutenant tel ou tel candidat. C'est du moins ce qu'ont statué cinq des neuf juges de la plus haute instance américaine, tous nommés par des présidents républicains, dans l'arrêt Citizens United contre Commission électorale fédérale (FEC). Le président démocrate a eu tôt fait de manifester son profond désaccord avec le raisonnement des « sages ». « C'est une grande victoire pour les multinationales du pétrole, les banques de Wall Street, les compagnies d'assurance-maladie et tous les autres groupes d'intérêts privés qui, chaque jour, mobilisent leurs forces à Washington pour retirer toute voix au peuple américain », a déclaré Barack Obama, exprimant une opinion qui a rejoint celle de plusieurs progressistes américains. La décision des juges conservateurs de la Cour suprême n'a pas tardé à bouleverser le financement des campagnes, donnant notamment naissance aux « Super PAC », qui doivent légalement rester indépendants du candidat qu'ils soutiennent (dans les faits, c'est une autre histoire, comme on le verra plus loin). L'émergence de cette nouvelle arme électorale aura été sans contredit l'un des faits marquants de la campagne présidentielle de 2012, destinée à être la plus coûteuse de l'histoire des États-Unis. Les « Super PAC » ont d'abord démontré leur capacité à transformer les règles d'une course à l'investiture pour la présidence.

George Washington

La famille du magnat des casinos de Las Vegas, Sheldon Adelson, huitième fortune aux États-Unis, a notamment versé près de 20 millions de dollars à Winning Our Future, un « Super PAC » favorable à Newt Gingrich, dont la campagne aurait été beaucoup plus brève sans cet appui financier. « Je suis contre les gens très riches qui essaient d'influer sur les élections ou qui influent sur elles. Mais tant que c'est faisable, je vais continuer », a déclaré Adelson à l'époque au magazine *Forbes*.

Adelson n'a pas été le seul milliardaire à porter à bout de bras un des rivaux de Mitt Romney lors des primaires républicaines. Foster Friess, gestionnaire d'un fonds commun de placement dans le Wyoming, a également signé un énorme chèque pour le « Super PAC » favorable à Rick Santorum. Son argent, tout comme celui d'Adelson, a servi à financer des messages publicitaires attaquant Mitt Romney.

Ces milliardaires n'auraient pas pu se montrer aussi généreux s'ils avaient contribué directement à la caisse de leur poulain. Car la loi sur le financement électoral limite encore à 5000 $ le montant qu'un individu peut donner à un candidat pour les primaires et la campagne générale. À ce jeu, Barack Obama détient le record, ayant récolté 750 millions de dollars au cours de sa première campagne à la présidence. Il n'a pas seulement fait le plein de donations auprès des millionnaires de Wall Street, de la Silicon Valley et de Hollywood. Il a également mis à profit les réseaux sociaux pour récolter plus de 150 millions de dollars auprès de partisans qui lui ont donné pour sa campagne 200 $ ou moins. Mais le président et ses alliés démocrates devaient être déclassés en 2012 par les « Super PAC » et

autres organisations favorables aux républicains. Ceux-ci prévoyaient de dépenser une somme record d'un milliard de dollars pour aider leurs candidats favoris à prendre le contrôle de la Maison-Blanche et des deux chambres du Congrès.

À eux seuls, American Crossroads et Crossroads GPS, deux « Super PAC » fondés par les stratèges républicains Karl Rove et Ed Gillespie, comptaient dépenser jusqu'à 300 millions de dollars en 2012. Des organisations financées par les frères Bill et Charles Koch, deux milliardaires et magnats du pétrole, avaient pour leur part l'intention d'y consacrer 400 millions de dollars, soit 40 millions de dollars de plus que John McCain n'en a récoltés durant la durée de sa campagne présidentielle de 2007-2008. Ces montants devaient s'ajouter aux quelque 800 millions de dollars qu'espéraient amasser Mitt Romney et le Parti républicain.

Du côté des démocrates, le principal « Super PAC » favorable à Barack Obama ne prévoyait pas récolter plus de 100 millions de dollars en vue de l'élection de 2012. Il faut dire que le président avait lui-même découragé les plus riches de ses partisans de contribuer au financement de « Super PAC » dont il avait dénoncé la création. Il devait faire volte-face sur cette question après avoir constaté le succès de la collecte de fonds des « Super PAC » favorables à Mitt Romney. Aux yeux de leurs critiques, les « Super PAC » n'ont pas seulement pour conséquence négative de décupler l'importance déjà considérable de l'argent dans le système électoral américain. Ils ont aussi pour effet de permettre aux entreprises ou aux personnalités richissimes de peser de tout leur poids sur la balance électorale sans avoir à dévoiler leur identité. Ils créent un climat malsain où les règles semblent être faites pour être enfreintes. Un exemple : les « Super PAC » ne peuvent coordonner leur action avec les campagnes du candidat qu'ils appuient. Or, chez les républicains comme chez les démocrates, ils sont souvent dirigés par d'anciens collaborateurs de chaque camp.

Pas étonnant que ces « Super PAC » se soient mis à jouer un rôle très complémentaire à celui des campagnes officielles des candidats, les uns se chargeant de financer et de diffuser les pubs les plus négatives ou trompeuses et les autres se réservant les pubs positives qui font bien paraître leur candidat.

Gaffes

**« J'ai maintenant visité 57 États,
il ne m'en reste plus qu'un à visiter. »**

Lorsque Barack Obama s'est vanté en mai 2008 d'avoir accompli cet exploit impossible, la plupart des journalistes ont haussé les épaules, mettant son erreur sur le compte de la fatigue.

En revanche, ils ont pris le mors aux dents lorsque son rival éventuel, John McCain, s'est montré incapable de dire combien de maisons il possédait. À leurs yeux, cet oubli ou cette ignorance était la preuve par neuf que le sénateur d'Arizona, âgé de 72 ans et marié à une riche héritière, était un peu sénile ou complètement déconnecté de la réalité des gens ordinaires.

Une gaffe politique, peut-on déduire de ces deux exemples, n'acquiert de l'importance que si elle confirme l'idée que se font la presse, l'opposition ou le public d'un candidat. Il est entendu que les médias n'auraient pas eu le même haussement d'épaules collectif si Sarah Palin avait été celle qui s'était targuée d'avoir foulé le sol de « 57 États ».

Journalistes, blogueurs et autres commentateurs n'auraient pas manqué de voir dans cette gaffe une autre illustration du manque de culture ou d'intelligence de la gouverneure de l'Alaska, qui aurait invoqué en vain la fatigue.

George W. Bush

Cela dit, un candidat présidentiel peut gaffer sans se tromper sur un fait ou un nombre. Il lui suffit, par exemple, de livrer le fond de sa pensée à un moment inopportun, comme l'a fameusement fait Barack Obama lors d'une soirée de collecte de fonds en 2008. Croyant à tort qu'il n'y avait aucun journaliste dans la salle, il avait évoqué devant des donateurs californiens l'amertume des Américains issus des petites villes où les emplois se sont volatilisés et n'ont pas été remplacés malgré les promesses des administrations passées. « Il n'est donc pas surprenant que ces gens soient en colère, qu'ils s'accrochent aux armes, ou à la religion, qu'ils développent une hostilité envers ceux qui ne sont pas comme eux, ou qu'ils accusent les immigrés, ou le commerce international, afin de donner un sens à leurs frustrations », avait-il dit.

Bigre ! Barack Obama était pris en flagrant délit d'élitisme, un trait que les républicains et une bonne partie des médias percevaient dans la personnalité du sénateur de l'Illinois. D'où l'importance accordée à cette « gaffe », qui a provoqué un torrent de commentaires et de critiques.

Mais il n'y a peut-être rien de pire en campagne présidentielle qu'une gaffe visuelle. John Kerry doit encore aujourd'hui se taper le front en pensant à sa décision de prendre une pause pendant la campagne présidentielle de 2004 pour aller faire de la planche à voile au large de l'île de Nantucket. Les républicains n'ont pas raté l'occasion d'utiliser, dans une pub dévastatrice, les images du candidat démocrate pratiquant ce sport qui consiste à glisser sur l'eau tout en suivant la direction du vent, telle une girouette.

La palme de la pire gaffe visuelle revient sans doute à Michael Dukakis. Lors de la campagne présidentielle de 1988, le candidat démocrate avait eu l'idée de se faire photographier à bord d'un M1 Abrams pour prouver qu'il pouvait tenir tête à son rival républicain, George Bush père, sur les questions militaires. Les caricaturistes avaient fait leurs choux gras des images de Dukakis sortant de la trappe du char comme un diablotin, et coiffé d'un casque lui donnant des airs de Mickey Mouse.

Les membres de l'équipe électorale de Bush avaient tiré profit de ces images inestimables dans une pub intitulée « Tank Ride ».

Gaffes mémorables

La course à l'investiture républicaine pour l'élection présidentielle de 2012 aura été riche en gaffes. En voici des mémorables :

« Lorsque je serai (à la Maison-Blanche), trois ministères seront supprimés. Le ministère du Commerce, celui de l'Éducation et, euh... quel est le troisième déjà... Le troisième, je ne peux pas, je suis désolé, je ne peux pas. Oups ! »

– Le gouverneur du **Texas Rick** Perry, oubliant lors d'un débat télévisé qu'il voulait également supprimer le ministère de l'Énergie.

« Ils (les Chinois) ont indiqué qu'ils tentaient de développer une capacité nucléaire. »

– L'homme d'affaires **Herman Cain**, ignorant que la Chine possède l'arme atomique depuis 1964.

« J'aime pouvoir congédier les gens qui me fournissent des services. »

– L'ancien gouverneur du Massachusetts **Mitt Romney**, utilisant une formulation fâcheuse pour défendre le choix en matière d'assurance-maladie.

Gallup

Si la tendance se maintient, l'Institut Gallup demeurera une référence incontournable pour qui veut évaluer les chances d'un président sortant d'être réélu à la Maison-Blanche.

En effet, le nombre de maisons de sondages a décuplé aux États-Unis depuis que George Gallup a prédit en 1936 l'élection de Franklin D. Roosevelt contre Alfred Landon, prenant à contre-pied tous les spécialistes de l'opinion publique de l'époque. Mais l'organisation qui porte le nom de ce journaliste et publiciste décédé en 1984 continue de jouir d'une crédibilité inégalée.

La réponse des électeurs à une de ses questions classiques y est pour beaucoup : «Approuvez-vous ou désapprouvez la façon dont (le nom du président sortant) accomplit son travail ? » Car cette réponse fournit une indication claire du sort qui attend l'occupant de la Maison-Blanche en quête d'un autre mandat.

Ainsi, tous les présidents sortants qui ont revendiqué un taux de satisfaction de 49 % et plus dans le dernier sondage Gallup de la campagne présidentielle ont été réélus, selon le statisticien Nate Silver, qui a effectué les recoupements et ajustements nécessaires pour combler les données manquantes dans les années 1940 et 1950.

En revanche, tous les présidents sortants qui ont généré un taux de satisfaction de 48 % ou moins ont perdu, y compris George Bush père (34 %) et Jimmy Carter (37 %).

Le taux de satisfaction ne permet cependant pas de prédire avec précision le pourcentage de suffrages qu'un président sortant obtiendra le jour du scrutin. Ainsi, Bill Clinton revendiquait un taux de satisfaction de 55 % à la veille de l'élection présidentielle de 1996 l'opposant à Robert Dole. Or, seuls 8,5 points le séparaient de son rival après le dépouillement des suffrages. À l'opposé, Richard Nixon, qui jouissait d'un taux de satisfaction de 57 % à la veille de l'élection de 1972, a écrasé George McGovern par 23 points.

Hollywood
Hispaniques

Hollywood

Septembre 2007. George Clooney est à la Mostra de Venise pour présenter *Michael Clayton*. En conférence de presse, il vante évidemment son film, mais c'est à Barack Obama qu'il réserve ses commentaires les plus élogieux.

« Je le soutiens parce que c'est à mes yeux le plus armé pour y aller. Je le connais. Il a de la personnalité, du cran, de l'intelligence. Il est le meilleur candidat que j'ai jamais vu. Quel charisme, en plus, ce type. Quand il entre dans la pièce, vous pensez à une rock star », déclare l'acteur à la presse internationale.

C'était à l'époque où Hollywood commençait à se pâmer pour le sénateur de l'Illinois, qui tirait encore de l'arrière dans les sondages sur Hillary Clinton, sa principale rivale dans la course à l'investiture démocrate. Une élection et un mandat plus tard, Clooney continuait à soutenir le 44e président. Mais certaines célébrités hollywoodiennes avaient déchanté, déplorant ses reculs dans plusieurs domaines. C'était le cas notamment de Matt Damon, qui a fustigé Obama dans une interview accordée au magazine *Elle* fin 2011.

« J'ai parlé à plusieurs personnes qui ont travaillé pour Obama sur le terrain. L'une d'elles m'a dit : "Jamais plus. Je ne me ferai jamais plus avoir par un politicien." Vous savez, un président qui ne fait qu'un mandat et qui aurait les couilles de faire vraiment quelque chose, cela serait bien mieux pour le pays à long terme », a dit Damon. Aïe ! Les stratèges politiques aiment bien entourer leurs candidats de vedettes hollywoodiennes. Celles-ci peuvent mettre du piquant dans les rassemblements électoraux et sortir de son apathie politique une partie de l'électorat. Mais elles sont aussi, quasiment par définition, des électrons libres dont les déclarations peuvent se retourner contre leurs favoris.

Les candidats, surtout les démocrates, aiment aussi se servir de Hollywood comme d'un guichet automatique, y effectuant des visites régulières pour renflouer leurs finances électorales. En 2012, la récolte de Barack Obama aura été moins fructueuse qu'en 2008, mais elle lui aura quand même permis de recueillir plusieurs millions de dollars auprès de George Clooney, Tom Hanks, Melanie Griffith, Eva Longoria, Jeffrey Katzenberg et Harvey Weinstein, entre autres grosses pointures du « showbiz ».

Les 10 meilleurs films sur les présidents américains*

1. *Jefferson in Paris* (1995)

2. *Frost/Nixon* (2008)

3. *W.* (2008)

4. *Nixon* (1995)

5. *Young Mr. Lincoln* (1939)

6. *Sunrise at Campobello* (1960)

7. *John Adams* (2008)

8. *Truman* (1995)

9. *The Buccaneer* (1958)

10. *The American President* (1995)

* Liste compilée par le critique de cinéma Marc-André Lussier.

Hispaniques

D'abord, les données brutes : la population hispanique aux États-Unis a atteint 50,4 millions d'individus, soit 16 % des 308,7 millions d'habitants de ce pays, selon le recensement de 2010.

Il s'agit d'une augmentation de 43 % en dix ans qui place désormais les Hispaniques au deuxième rang parmi les plus importants groupes ethniques américains, devant les Afro-Américains, qui comptent 42 millions d'individus, ou 14 % de la population. La forte croissance de la population hispanique a des répercussions politiques évidentes. Entre 2008 et 2012, le nombre d'Américains d'origine latino-américaine inscrits sur les listes électorales a augmenté de deux millions, pour atteindre un total de 22 millions. Et si les prochains scrutins suivent la tendance des plus récents, ces électeurs joueront un rôle crucial dans la sélection de l'occupant de la Maison-Blanche, une dynamique qui pourrait représenter un problème majeur pour le Parti républicain, à court ou à moyen terme. La course à l'investiture républicaine pour l'élection présidentielle de 2012 aura illustré la nature de ce problème. D'entrée, elle a démontré les dangers auxquels s'exposent les candidats du Grand Old Party qui démontrent une trop grande modération ou compassion en matière d'immigration, une question qui touche évidemment plusieurs Hispaniques. Favori des sondages au début de sa campagne, le gouverneur du Texas Rick Perry a vite perdu de l'altitude en défendant la politique de son État de financer les études universitaires des enfants d'émigrés clandestins. Il faut dire qu'il aurait pu mieux s'y prendre. Il a en effet insulté quantité d'électeurs républicains lors d'un débat télévisé en qualifiant de « sans-cœur » ceux qui ne partageaient pas son opinion sur ce sujet.

La plupart des rivaux de Perry ont préféré défendre des positions beaucoup plus rigides ou radicales en matière d'immigration. Pour combattre le problème des quelque 11 millions de clandestins aux États-Unis, ils se sont notamment dits en faveur de lois migratoires comme celle que l'Arizona a adoptée en 2010, et dont l'une des dispositions les plus controversées prévoyait d'autoriser les forces de l'ordre de vérifier le statut de toute personne interpellée. Ils se sont également opposés au « Dream Act », une initiative du Parti démocrate qui permettrait aux jeunes illégaux vivant aux États-Unis depuis l'enfance de régulariser leur statut s'ils poursuivent des études supérieures ou s'engagent dans l'armée.

Si ces positions sont populaires auprès de la base républicaine, elles sont en revanche susceptibles d'aliéner une bonne partie de l'électorat hispanique. Or, selon les experts, un candidat républicain doit désormais pouvoir obtenir au moins 40 % des suffrages hispaniques pour espérer accéder à la Maison-Blanche. George W. Bush y est parvenu en 2004 en récoltant 44 % du vote hispanique. John McCain a échoué quatre ans plus tard, ayant dû se contenter de 31 % du vote hispanique.

Il va sans dire que les Hispaniques ne forment pas un bloc électoral monolithique. En Floride, par exemple, les Cubains et les Portoricains d'origine ont des affinités politiques divergentes, les premiers étant notamment beaucoup plus proches que les deuxièmes du Parti républicain. Les Hispaniques n'analysent pas davantage la politique par le seul prisme de l'immigration. Les sondages démontrent d'ailleurs que leurs préoccupations principales ne diffèrent guère de celles de l'ensemble de la population. Mais il ne fait pas de doute que les candidats républicains perdent de nombreux appuis chez les Hispaniques en utilisant des termes confinant à l'intolérance ou à la xénophobie pour dénoncer les programmes destinés à régulariser la situation des illégaux.

À long terme, cependant, les Hispaniques sont eux-mêmes appelés à changer le Parti républicain. Celui-ci compte déjà quelques étoiles montantes issues de cette communauté, dont le sénateur de Floride Marco Rubio, le gouverneur du Nevada Brian Sandoval et son homologue du Nouveau-Mexique Susana Martinez. L'un de ces politiciens pourrait même se mettre à rêver à la Maison-Blanche...

★ ★ ★ Trois étoiles montantes ★ ★ ★

Martinez

Rubio

Sandoval

Indépendants

Idéal

ISRAEL

Idéal

Quel serait le président idéal ? Voilà un thème sur lequel plusieurs écoliers américains ont dû plancher au fil des générations. Nous apportons ici notre contribution au genre en empruntant un trait indispensable à cinq présidents différents.

1 Abraham Lincoln

LEADERSHIP

Avant même d'avoir émancipé les esclaves et remporté la guerre de Sécession, le 16e président avait prouvé son leadership en faisant une place de choix au sein de son cabinet à trois de ses rivaux pour l'investiture républicaine, William Seward, Salmon Chase et Edward Bates, qui se croyaient tous supérieurs à lui.

2 Barack Obama

SANG-FROID

Le 44e président n'aime pas être comparé à Monsieur Spock, le personnage très cérébral de *Star Trek* qui semblait parfois insensible. Mais il demeure qu'il est doué d'un sang-froid hors du commun, comme il l'a notamment démontré en donnant le feu vert à l'opération risquée qui a mené à l'élimination d'Oussama ben Laden.

3 Ronald Reagan

HUMOUR

«C'est vrai que le travail acharné n'a jamais tué personne. Mais je me suis dit: pourquoi prendre un risque.» L'humour, et surtout l'autodérision dont il ne se privait pas, auront bien servi le 40e président, lui permettant souvent de désarmer ses adversaires ou de tourner les moments les plus difficiles à son avantage.

4 Franklin D. Roosevelt

COMPASSION

Ses origines étaient celles d'un aristocrate, mais le 32e président était capable de toucher le cœur de ses compatriotes les plus humbles, et surtout de mettre en œuvre des politiques susceptibles de les aider, n'en déplaise à ses critiques les plus féroces. «J'accueille leur haine avec plaisir», dit-il en 1936.

5 Theodore Roosevelt

ÉNERGIE

L'exploit est encore inscrit dans le *Livre Guinness des records*: le 1er janvier 1907, le 26e président a serré la main à 8150 visiteurs à la Maison-Blanche, un exemple parmi d'autres de la prodigieuse énergie de cet homme dont la soif d'action n'avait d'égal que son immense appétit intellectuel.

40 % des électeurs américains se sont identifiés comme **indépendants** dans des sondages réalisés entre 2008 et 2011, ce qui fait d'eux le bloc électoral le plus important aux États-Unis devant les démocrates et les républicains.

Indépendants

Les électeurs indépendants décident de l'issue de l'élection présidentielle américaine. Mythe ou réalité ?

À en croire plusieurs stratèges et analystes, il s'agit d'une réalité incontournable. Après tout, environ 40 % des électeurs américains s'identifient comme indépendants, selon des sondages réalisés entre 2008 et 2011, alors qu'ils n'étaient que 26 % à le faire en 1952. Ils forment ainsi le bloc électoral le plus important aux États-Unis, devançant les électeurs qui se disent démocrates ou républicains.

Devant cette nouvelle réalité, les candidats présidentiels auraient évidemment tout intérêt à courtiser en priorité ce nouvel électorat dominant. Comment devraient-ils s'y prendre ? En se gardant de véhiculer des messages trop partisans ou de présenter des projets trop conservateurs ou progressistes. Car les électeurs indépendants préféreraient par-dessus tout les solutions centristes, bipartites ou postpartisanes. Ce genre de raisonnement est familier aux mordus de la politique américaine, qui s'abreuvent aux mamelles des médias traditionnels ou nouveaux. Mais le soi-disant rôle déterminant des électeurs indépendants dans l'issue de l'élection présidentielle américaine relève du mythe, selon certains spécialistes, dont le politologue Alan Abramowitz et le sondeur

Mark Mellman. Les deux experts soutiennent que la grande majorité des électeurs dits indépendants n'ont d'indépendants que le nom. Ils fondent leur opinion sur divers sondages et études, dont l'American National Election Study (ANES) 2008.

Selon cette enquête, 40 % des électeurs aptes à voter en 2008 se disaient indépendants, alors que seulement 33 % des électeurs qui se sont prévalus de leur droit de vote pouvaient dire la même chose.

Premier constat : les électeurs qui s'identifient comme des indépendants sont moins susceptibles de se rendre aux urnes que les autres. Par ailleurs, seulement 7 % des électeurs ayant participé au scrutin de 2008 pouvaient vraiment être considérés comme des indépendants sans aucune affinité pour l'un des grands partis, selon l'étude de l'ANES. Les autres – 26 % de l'électorat – devaient être plutôt décrits comme des « leaners », ayant avoué avoir un « penchant » pour les démocrates ou les républicains lors de questions subséquentes.

Or, selon les données de l'ANES, ces « leaners » ont fini par voter pour le candidat du parti vers lequel ils penchaient dans une proportion semblable à celle des électeurs partisans. Le même phénomène a été relevé lors des élections de 1992 à 2008.

En moyenne, 77 % des indépendants qui avouent pencher vers les démocrates finissent par voter pour le candidat de leur parti préféré et 80 % des « leaners » républicains font de même, des pourcentages qui s'approchent de l'appui offert par ceux qui se définissent d'abord comme des partisans.

De toute façon, il ne suffit pas de remporter le vote des électeurs « indépendants » pour se faire élire à la Maison-Blanche. En fait, dans les trois dernières élections décidées par une marge inférieure à 5 %, le candidat présidentiel ayant enlevé le vote des indépendants a fini par perdre le vote populaire, note le politologue Alan Abramowitz en citant les exemples de Jimmy Carter en 1976, George W. Bush en 2000 et John Kerry en 2004.

Dans une élection serrée, un candidat dont la base électorale est unie et mobilisée peut donc combler un déficit auprès des électeurs indépendants. Mais les mythes ont la vie dure...

Israël

La route vers Washington passe par Jérusalem, s'il faut se fier au pèlerinage que la plupart des candidats présidentiels font dans la ville sainte.

Ainsi, Barack Obama n'aura pas mis le pied en Israël une seule fois après son arrivée à la Maison-Blanche, mais il s'est fait un devoir de visiter l'État hébreu avant son élection. Son adversaire républicain de 2012, Mitt Romney, a emprunté le même itinéraire au début de sa deuxième campagne à la présidence. Le Canada, le plus important partenaire commercial des États-Unis, n'a pas droit aux mêmes égards.

Plusieurs facteurs expliquent le rôle exceptionnel d'Israël dans les courses à la Maison-Blanche. L'argent en est un. En 2003, le *Washington Post* a estimé que les candidats démocrates à la présidence récoltaient jusqu'à 60 % de leur financement électoral auprès de partisans juifs. Or, plusieurs d'entre eux ont à cœur l'avenir d'Israël et souhaitent voter pour des candidats qui expriment un solide appui à l'État hébreu.

Ces mêmes électeurs, dont le taux de participation aux élections est plus élevé que la moyenne, forment également un groupe susceptible de faire la différence dans trois États clés, la Floride, la Pennsylvanie et l'Ohio. L'expression d'un soutien vigoureux à Israël représente d'autre part un critère fondamental aux yeux des dirigeants des organisations juives qui composent le lobby pro-Israël aux États-Unis, au premier rang desquelles se trouve l'AIPAC (American Israel Public Affairs Committee), dont la conférence annuelle est un rendez-vous incontournable pour les aspirants à la Maison-Blanche.

En se rendant en Israël, les candidats présidentiels n'envoient cependant pas seulement un message aux membres de l'électorat juif ou aux organisations de leur communauté.

Ils s'adressent également aux chrétiens américains pour qui l'État hébreu revêt une importance cruciale pour des raisons géopolitiques ou religieuses. C'est notamment le cas des évangéliques, qui voient dans la restauration juive en Israël un préalable au second avènement du Christ. Cela dit, l'appui des candidats républicains à Israël, aussi vigoureux soit-il, ne semble pas suffire à inciter la grande majorité des électeurs juifs à remettre en question leur appui traditionnel au candidat présidentiel du Parti démocrate. En 2004 et 2008, par exemple, John Kerry et Barack Obama ont récolté au moins 75 % des suffrages de l'électorat juif. Il faut donc croire que les politiques plus progressistes du Parti démocrate sont plus importantes aux yeux des électeurs juifs, en bout de ligne, que tout appui à Israël.

 UN PEU D'HISTOIRE

Le non d'un président à Israël

Quel est le dernier président américain à avoir bravé le lobby pro-Israël aux États-Unis ? Barack Obama ? Pas vraiment. Le 44ᵉ président a demandé en mai 2009 un gel des activités de colonisation en Cisjordanie, mais il a fini par céder sur cette question à Israël et aux plus faucons des partisans américains de ce pays. La bonne réponse ? **George Bush père**. Au début des années 1990, le 41ᵉ président a refusé la garantie d'un prêt de dix milliards de dollars que réclamait le premier ministre israélien Yitzhak Shamir pour continuer l'implantation des Juifs arrivant en masse de l'URSS dans les Territoires occupés. Shamir pensait que le lobby pro-Israël américain parviendrait à faire plier le président, mais ce dernier a refusé tout compromis sur cette question. Bush et Shamir allaient perdre leurs élections en 1992.

À VOUS DE JOUER

Accessoires présidentiels

Voyons si vous saurez deviner à quels présidents sont associés les objets suivants:

1 Jelly Beans

2 Microphone

3 Chapeau haut de forme

4 Saxophone

Ourson en peluche **5**

Réponses: 1- Ronald Reagan. Sa saveur préférée: à la réglisse; **2- Franklin D. Roosevelt.** Il était renommé pour ses *fireside chats*, causeries hebdomadaires radiophoniques dites « au coin du feu »; **3- Abraham Lincoln.** Certains affirment qu'il conservait des lettres importantes à l'intérieur; **4- Bill Clinton.** Il en jouait et s'est servi de cet instrument pour séduire... les électeurs; **5- Theodore Roosevelt.** L'expression Teddy Bear serait associée à ce président parce qu'il aurait refusé d'abattre un ourson lors d'une partie de chasse.

Journaliste

Jelly Beans

Même les plus cyniques le reconnaîtront, la présidence est une institution qui fascine les Américains. Et le président, sauf exception, est considéré par une partie de la population comme une véritable vedette.

Les candidats à la Maison-Blanche doivent souvent s'attendre à recevoir un traitement digne de stars du rock. On leur réclame des autographes, on veut se faire photographier avec eux, on achète des souvenirs à leur effigie... Une fois élus, avec le temps, plusieurs présidents deviendront des icônes. John F. Kennedy en est un exemple frappant. Un charisme fou, un style du tonnerre, une femme aussi belle qu'énigmatique, une famille mythique, une présidence trop courte dont la fin dramatique n'a pas fini de soulever la controverse plusieurs décennies plus tard... JFK est carrément entré dans la légende. Il n'est pas le seul. Plusieurs, parmi les présidents les plus marquants, en viendront même à être identifiés à certains objets. Jadis, par exemple, un candidat aimait tant les Jelly Beans que son goût pour ces bonbons fruités a marqué l'imaginaire collectif. Notamment parce qu'une fois élu, il en avait fait livrer trois tonnes et demie à Washington pour son investiture.

Journalistes

Il y a de ces moments, dans une carrière de journaliste, où vous vous gardez une petite gêne. Où vous évitez de crier sur tous les toits que vous êtes un reporter.

La soirée passée au Xcel Energy Center de Saint Paul au Minnesota, le 3 septembre 2008, a été, pour plusieurs, l'un de ces moments. Il ne faisait pas bon être journaliste dans l'enceinte du centre sportif car la candidate à la vice-présidence des États-Unis, Sarah Palin, surnommée Barracuda, était en feu. Et les médias étaient dans la mire de celle qui s'est décrite sur scène comme un « pitbull avec du rouge à lèvres ».

« J'ai appris rapidement, au cours des derniers jours, que si vous n'êtes pas un membre reconnu de l'élite de Washington, certains représentants des médias vous considéreront non qualifié pour cette seule raison, a-t-elle lancé. Mais j'ai des nouvelles pour tous ces reporters et commentateurs : je ne vais pas à Washington pour bien paraître à leurs yeux. Je vais à Washington pour servir le peuple de ce pays. »

Les milliers de partisans réunis pour l'occasion ont rugi de plaisir à entendre Sarah Palin défier les médias, mais aussi d'indignation quant au comportement présumé des journalistes à l'égard de la gouverneure de l'Alaska.

Le rédacteur du discours de Sarah Palin a obtenu un vif succès. Cela dit, il n'a fait preuve d'aucune originalité. Au contraire. Il a utilisé ce qui est aujourd'hui une bonne vieille recette. Pour un républicain, s'en prendre aux médias est presque devenu une tradition. La politique américaine est un sport violent et les journalistes font maintenant partie de ceux qui prennent souvent quelques coups sur la gueule.

Les candidats républicains, en campagne, accuseront généralement les grands médias d'être trop « libéraux » et de faire partie d'une élite déconnectée de l'Américain moyen. Élite qui, à leur avis, cherche à favoriser l'élection de démocrates.

Gingrich

Quand on vous dit que le discours ne date pas d'hier : il était déjà à l'ordre du jour à la convention républicaine de 1964. Celle du candidat Barry Goldwater. Faisant partie des ténors du parti qui livraient des discours, l'ancien président Dwight D. Eisenhower s'en est pris aux journalistes. Il a dénoncé les « chroniqueurs et commentateurs sensationnalistes ».

Parmi les politiciens américains qui ont tiré sur les messagers avec le plus de régularité et de véhémence : le président Richard Nixon et son vice-président, Spiro Agnew.

Richard Nixon a même déjà déclaré qu'il était plus « productif » pour un politicien de traiter les journalistes « avec considérablement plus de mépris ».

En 2012, le candidat républicain Newt Gingrich a prouvé qu'il avait retenu la leçon. Qu'a-t-il fait alors que son ex-femme venait de révéler publiquement qu'il lui avait jadis demandé si elle voulait accepter un « mariage ouvert » ? Il a attaqué les médias.

« La nature destructrice, vicieuse et négative de la plupart des médias a pour résultat qu'il est plus difficile de gouverner ce pays », a-t-il répliqué alors qu'on le questionnait sur les allégations de son ex pendant un débat au réseau CNN. Le public l'a alors applaudi à tout rompre.

« Je suis fatigué de l'élite médiatique qui protège Barack Obama en attaquant les républicains », a-t-il ajouté. Résultat : le public lui a réservé une ovation debout.

Kansas

Kansas

Qu'est-ce qui cloche avec le Kansas ? C'est la question qu'a posée il y a quelques années le journaliste américain Thomas Frank, dans un essai qui a fait grand bruit aux États-Unis.

Dans ce livre, il se demandait pourquoi les habitants du Kansas, un des États les moins riches du pays, s'entêtent à voter pour des républicains dont les politiques favoriseront les Américains les plus aisés. À chaque élection présidentielle, depuis de nombreuses années, c'est l'une des questions qui rendent perplexes même les plus éminents experts.

Le journaliste s'est servi de l'exemple du Kansas, État du Midwest huit fois plus petit que le Québec où vivent quelque 2 800 000 Américains, parce qu'il y est né et y a grandi. Mais il aurait tout aussi bien pu écrire sur l'Alabama, l'Oklahoma, le Wyoming et de nombreux autres États pauvres où les républicains règnent en rois et maîtres. Des États où les électeurs qui tirent le diable par la queue lèvent le nez sur le Parti démocrate. Même si c'est celui qui défend le plus leurs intérêts.

Que suggère Thomas Frank ? Que l'importance de la guerre culturelle en politique prime pour ces électeurs. Qu'ils se rangent dans le camp républicain parce que ce dernier partage leurs idées sur des enjeux de société comme l'avortement et le mariage gai.

«Les habitants du Kansas ne se penchent que sur les questions essentielles telles que, par exemple, la pureté de la nation. Les salaires décents, une législation juste à même de sauver les régions rurales, le destin des petites villes et même de celle dans laquelle ils vivent, tout cela passe après la théorie de l'évolution, qu'il faut chasser des manuels scolaires et que nous devons saper par tous les moyens imaginables», écrit, sarcastique, Thomas Frank.

Pour d'autres, comme le chroniqueur du *New York Times* et prix Nobel d'économie Paul Krugman, c'est le racisme qui est à la base de ce grand paradoxe. Pourquoi bon nombre de Blancs des États les plus conservateurs refusent-ils de voter pour des politiciens qui promettent de renforcer l'État-providence en redistribuant une partie de la richesse? Parce qu'ils veulent éviter, selon l'économiste, que les Noirs bénéficient davantage de nouvelles mesures plus progressistes.

Mais qu'en disent les principaux intéressés? Deux journalistes du *New York Times* ont pris le pouls d'habitants du Minnesota en 2012. Ils ont interviewé plusieurs citoyens du comté de Chisago. Ceux-ci bénéficient de plusieurs programmes fédéraux, mais ont élu à Washington un parlementaire républicain qui décrie l'interventionnisme du gouvernement.

La conclusion des journalistes? Ces Américains «sont frustrés d'avoir besoin de cette aide, se sentent coupables de la prendre et en veulent au gouvernement parce qu'il leur offre».

Limbaugh

Libido

Libéral

« La mascarade est finie. Il est temps d'employer le mot redouté qui commence par " L ", de dire que les politiques de notre opposition sont libérales, libérales, libérales. »

Ainsi parlait Ronald Reagan en 1988 en faisant référence à l'une des deux grandes catégories politiques aux États-Unis. La déclaration du président républicain laissait entendre que même ses adversaires n'osaient pas utiliser le « L-Word » pour qualifier leurs politiques.

Il va sans dire que Reagan ne se gênait pas de son côté pour se définir comme conservateur, l'autre grande catégorie politique américaine. Il en est de même aujourd'hui pour tous les candidats qui briguent l'investiture du Parti républicain pour la présidence. « J'ai été sévèrement conservateur en tant que gouverneur », a même cru bon de préciser Mitt Romney en février 2012.

Le mot libéral, au sens américain du terme, n'a évidemment pas toujours eu une connotation négative. Le président démocrate Franklin D. Roosevelt, père du New Deal, a revendiqué cette étiquette avec fierté dans les années 1930 et 1940, rangeant les libéraux parmi ceux qui croient au rôle de l'État pour aplanir les inégalités sociales et économiques. Plus d'une génération de politiciens et d'électeurs ont également exprimé leur foi dans le

libéralisme, y compris certains républicains (Nelson Rockefeller, vice-président de 1974 à 1977, est un exemple). Or, selon un sondage Gallup, seulement 21 % des Américains se définissaient comme « libéraux » en 2011 contre 40 % qui se disaient « conservateurs » et 35 % « modérés », une nouvelle étiquette qui permet à plusieurs « libéraux » d'échapper à une catégorie politique devenue une épithète injurieuse dans la bouche de certains de leurs compatriotes.

Le linguiste Geoffrey Nunberg fait remonter aux années 1960 l'apparition de stéréotypes négatifs qui ont fini par s'attacher au mot libéral. L'époque correspond à la guerre du Vietnam et à l'émergence de questions sociales qui ont contribué à creuser un fossé entre les Américains de la classe ouvrière et les libéraux des classes moyenne et supérieure.

Au fil des années, les journalistes conservateurs et les stratèges républicains ont exploité ces divisions en popularisant les expressions « limousine liberal », « Volvo liberal » et « chardonnay liberal », entre autres. Aux yeux de plusieurs Américains, un libéral est ainsi devenu un individu à l'aise financièrement qui critique son pays, roule dans une voiture construite dans un pays socialiste, boit du vin blanc de Californie et mange du brie ou de la quiche. Quoi d'étonnant que plusieurs libéraux américains préfèrent aujourd'hui s'identifier comme… progressistes ?

WHITE U.S. HOUS

Libido

Les adversaires du président sortant avaient sorti l'artillerie lourde, l'accusant d'avoir confié à son colistier une mission aussi secrète que scandaleuse.

Ce dernier devait recruter en Angleterre et ramener aux États-Unis d'Amérique « quatre jolies filles comme maîtresses, une paire pour chacun des gentilshommes âgés », selon les bruits colportés par l'opposition.

Dans une lettre à un ami, le président avait choisi de réagir avec humour à cette accusation diffamatoire : « Je le déclare sur mon honneur, si c'est vrai, (mon colistier) les a toutes gardées pour lui et m'a privé de ma paire », écrivit-il.

C'était en 1800. Le président sortant, le grand John Adams, avait fini par s'incliner devant un autre père fondateur, Thomas Jefferson, qui avait lui-même été traité de « libertin » durant la campagne présidentielle. L'auteur de la Déclaration d'indépendance avait notamment été accusé d'avoir noué des relations adultères avec deux femmes mariées à l'époque où il était ambassadeur des États-Unis à Paris et d'avoir fait un enfant à une de ses esclaves de Monticello (il s'agissait vraisemblablement de la jeune et jolie Sally Hemmings).

La morale de ces histoires ? Il y en a deux, en fait. La première, c'est que les Américains s'intéressent depuis les tout débuts de leur république à la libido de leurs présidents, et ce, avant et après leur érec... euh... leur élection. La deuxième, c'est que les scandales sexuels d'antan étaient bien plus croustillants que ceux d'aujourd'hui !

Prenons le cas de Grover Cleveland, le seul président à avoir été élu pour deux mandats non consécutifs. Accusé d'être le père d'un enfant illégitime lors de la campagne présidentielle de 1884 (sa première), l'ancien gouverneur de New York avait reconnu avoir payé, dix ans plus tôt, une pension à la mère, Maria Crofts Halpin. Mais il n'était pas certain pour autant d'être le père, la dame ayant également eu à l'époque des liaisons avec quelques-uns de ses amis, dont le partenaire de son cabinet d'avocats, Oscar Folsom. Étant le seul célibataire du groupe, Cleveland avait vraisemblablement décidé d'assumer la responsabilité de l'enfant, auquel sa mère avait donné un nom reflétant peut-être sa propre incertitude au sujet de l'identité du père : Oscar Folsom Cleveland. Et Grover Cleveland réussit à se faire élire de justesse à la Maison-Blanche malgré le slogan moqueur et informel de ses adversaires : « Ma, Ma, where's my Pa ? » (« Maman, maman, où est mon papa ? »)

Cleveland était encore célibataire lorsqu'il a entamé son premier mandat à la Maison-Blanche, un statut qu'auraient peut-être envié certains de ses successeurs les plus fringants, dont John F. Kennedy et Bill Clinton. Il devait cependant se marier en 1886 à la fille de son ami Oscar Folson, qui devint à 21 ans la plus jeune femme à avoir porté le titre de First Lady. Elle donna à son mari cinq enfants fort légitimes.

Limbaugh

Rush Limbaugh Is a Big Fat Idiot. C'est le titre d'un livre publié il y a quelques années par l'humoriste Al Franken – aujourd'hui sénateur – consacré à la plus importante vedette radiophonique en sol américain.

Insultant ? En effet. Mais ceux qui écoutent Rush Limbaugh sont habitués à ce type de langage. Chaque après-midi, l'animateur crache injures et invectives pendant trois heures, pour le plus grand plaisir de quelque 20 millions d'auditeurs qui l'écoutent sur les ondes de pas moins de 600 stations. Il ne fait pas que critiquer ses victimes. Il les humilie. Est-ce le secret de son succès ? Ce qui est sûr, c'est que sa popularité lui permet d'enregistrer des revenus de quelque 50 millions de dollars chaque année. Pas seulement grâce à son émission. Il est à la tête d'un véritable empire. On peut s'abonner à son infolettre, acheter ses T-shirts, ses tasses ou même son étui pour iPad ! Ses amateurs en redemandent.

« Le féminisme a été créé pour permettre aux femmes laides d'accéder au courant dominant de la société. »

« La seule façon de réduire le nombre d'armes nucléaires est de les utiliser. »

« Obama est un clown. Vous n'avez pas besoin d'être un scientifique pour savoir que le président ne sait pas de quoi il parle lorsqu'il dit que les combustibles fossiles sont l'énergie du passé. Nous avons plus de pétrole que nous en avons besoin. »

Tout ça, bien sûr, pour le plus grand malheur des politiciens démocrates et de leurs concitoyens progressistes. Car c'est à leurs dépens que Rush Limbaugh s'enrichit depuis maintenant plus de 20 ans. N'allez toutefois pas croire que l'animateur sexagénaire fait systématiquement le bonheur des républicains. Au cours des dernières années, la vedette a aussi donné des maux de tête à ses alliés politiques.

On s'interroge publiquement à savoir s'il n'est pas devenu LE républicain le plus influent du pays. Un ténor qui fait la pluie et le beau temps, dont les opinions doivent être respectées par les politiciens du parti de Ronald Reagan sous peine de se voir dénoncés en ondes. Or, Limbaugh fait partie des ultraconservateurs, ces républicains radicaux qui veulent la fin de l'État-providence et qui estiment que la prison de Guantanamo s'apparente à un centre de villégiature. Des républicains qui n'hésitent pas à pester contre leurs pairs et à les traîner dans la boue s'ils les jugent trop modérés et pour qui toute forme de consensus politique avec les démocrates signifierait bien évidemment pactiser avec le diable. Ce mégalomane – incidemment un grand amateur de cigares qui habite un somptueux domaine en Floride – a ainsi provoqué une polémique majeure lorsqu'il a dit souhaiter, peu après l'arrivée de Barack Obama au pouvoir, que la présidence du politicien démocrate soit un fiasco.

« J'espère qu'il va échouer », a-t-il lancé de sa voix de stentor, transpirant à la fois l'arrogance et l'indignation. Un mélange qui est devenu, en ondes, sa marque de commerce.

L'affaire a fait, il va sans dire, couler beaucoup, beaucoup d'encre. Mais Rush Limbaugh s'en est sorti sans une seule égratignure. Il avait déjà traité le candidat démocrate de « nègre magique » et diffusé une chanson, sur ce thème, créée par un de ses collaborateurs. Impunément.

En l'espace de deux décennies, les scandales qui l'ont véritablement mis dans le pétrin se comptent sur les doigts d'une main.

L'un d'eux n'avait aucun lien avec ses élucubrations en ondes. En 2003, il s'est retrouvé sur la sellette pour s'être procuré des analgésiques de façon illégale. Il y était devenu accro, a-t-il expliqué à ses auditeurs. Une rapide cure de désintoxication plus tard, il était de retour, toujours aussi irrespectueux qu'auparavant.

Le plus récent scandale dans lequel il s'est empêtré avait, lui, tout à voir avec ses effronteries. Au début de l'année 2012, il a traité de « salope » et de « prostituée » une étudiante en droit âgée de 30 ans, Sandra Fluke. Elle avait osé se prononcer en faveur d'une partie de la réforme de la santé du président Obama, selon laquelle les contraceptifs devront être remboursés par les compagnies d'assurance.

Une campagne menée dans les réseaux sociaux a poussé plusieurs annonceurs à fuir le *Rush Limbaugh Show*. Les analystes ont estimé que les pertes n'étaient pas substantielles, mais elles ont dû, néanmoins, inquiéter l'animateur. Il a, chose rare, présenté ses excuses à l'étudiante.

Son aura d'invincibilité a été écorchée. Mais le roi incontestable des ondes hertziennes aux États-Unis n'a pas fini de faire trembler quiconque ne partage pas ses idées.

Mardi

Mais pourquoi donc l'élection présidentielle américaine a-t-elle toujours lieu le mardi ?

La réponse est gênante pour un pays qui carbure à l'innovation : les Américains élisent leur président le mardi suivant le premier lundi de novembre, tous les quatre ans, en vertu d'une loi adoptée en 1845 par le Congrès pour faciliter la participation d'un électorat se déplaçant à cheval et en calèche. Il n'était pas question, en cette époque agraire, de voter le week-end, en raison du sabbat biblique, ou le mercredi, jour de marché. Le mardi était donc la première journée de la semaine qui pouvait permettre aux électeurs de couvrir la distance entre leurs fermes et le siège de leur comté pour voter et de revenir à temps pour écouler leurs produits ou se ravitailler au marché. Anachronique depuis des décennies, cette pratique est aujourd'hui considérée comme un obstacle à la participation du plus grand nombre d'électeurs aux élections présidentielles. D'où la proposition d'élus démocrates du Congrès de changer la loi afin de faire du samedi et/ou du dimanche les nouveaux jours d'élection aux États-Unis. Leurs collègues républicains se montrent toutefois réticents à endosser un tel changement qui pourrait augmenter la participation d'un électorat plus favorable aux démocrates composé d'étudiants, de travailleurs cumulant plus d'un emploi et de parents célibataires. Le vote par anticipation, adopté par plusieurs États, vise bien sûr à pallier ce problème. Sa popularité est loin d'être négligeable. En 2000, 15 % de l'électorat s'est prononcé avant la date officielle du scrutin présidentiel, un pourcentage qui a atteint 22,5 % en 2004 et 30 % en 2008.

Mais les réformateurs n'en démordent pas, rappelant que le taux de participation à l'élection historique de 2008 n'a guère été plus élevé qu'en 2004 (57,37 % de la population en âge de voter contre 56,69 %). À leurs yeux, la solution est évidente. Les Américains doivent voter le week-end plutôt que le mardi, cette journée choisie à l'époque «où l'esclavage était légal, où seuls les hommes blancs votaient, où moins de la moitié (des) 50 États avaient été établis et où le mot "automobile" n'avait pas encore été inventé», pour citer les paroles de Jacob Soboroff, directeur d'une organisation appelée judicieusement Why Tuesday?

Monde

Sauf exception, une élection présidentielle américaine ne se joue pas sur la politique étrangère.

L'enjeu est de taille, bien sûr. Et il a presque toujours un impact sur la course à la Maison-Blanche. Mais rarement fera-t-il, seul, pencher la balance du côté de l'un ou de l'autre des candidats.

Comment prédire cet impact? Plus les Américains se sentent vulnérables, plus il y aura de chances que l'état du monde joue un rôle plus déterminant qu'à l'habitude lors de l'élection présidentielle. Dans les années ayant suivi les attaques terroristes du 11 septembre 2011, par exemple, la politique étrangère a indéniablement été tout sauf secondaire dans divers scrutins au pays. Elle s'est notamment retrouvée au cœur de la présidentielle de 2004. «Quand nous paraissons faibles à une époque où les gens ne se sentent pas en sécurité, nous perdons. Quand les gens se sentent peu sûrs, ils vont préférer avoir quelqu'un de fort qui a tort plutôt que quelqu'un de faible qui a raison», avait dit Bill Clinton en 2002 aux ténors du Parti démocrate. Peine perdue. Deux ans plus tard, le président George W. Bush avait l'air plus fort – même s'il avait tort, du moins en ce qui concernait la présence d'armes de destruction massive en Irak – que son adversaire, le démocrate John Kerry. Il lui a fait mordre la poussière à la suite d'une campagne où les républicains ont brandi la menace terroriste comme un épouvantail.

Le magazine *Time* avait même, à l'époque, expliqué que la « soccer mom » – cette femme qui fait partie de la classe moyenne, habite la banlieue et conduit ses enfants à leur entraînement de soccer – n'existait plus. Que les candidats devaient dorénavant courtiser la « security mom » en bombant le torse et gonflant leurs muscles. Cela dit, au cours des dernières décennies, l'élection de 2004 représente plutôt l'exemple qui confirme la règle.

Bill Clinton lui-même, en 1992, se sera rendu compte de l'importance négligeable alors accordée par les électeurs à la politique étrangère. Il affrontait George Bush père. Et selon les analystes, ce dernier, qui venait de vaincre Saddam Hussein (c'était l'époque de la première guerre du Golfe) allait l'emporter haut la main dans la foulée de ce triomphe. Après la victoire de Bill Clinton, le discours des analystes avait changé. Ils estimaient que George Bush père n'avait pas assez mis l'accent sur la politique intérieure. Son rival, lui, avait parlé d'économie et de santé plutôt que de l'état du monde. Il semblait sur la même longueur d'onde que ses citoyens.

Papa Bush aurait dû profiter des leçons d'un de ses prédécesseurs, Richard Nixon. Ce dernier offrait parfois ses conseils à Ronald Reagan. Comme lors de la campagne menée contre Jimmy Carter en 1980. Après la victoire de Ronald Reagan, son mentor lui a fait part de ses recommandations pour un premier mandat à la Maison-Blanche. Il lui a carrément suggéré de tourner le dos au reste du monde et de montrer à ses concitoyens que leur sort est sa priorité. « Comme vous le savez, je pensais avant l'élection que, si la politique étrangère était pour moi l'enjeu le plus important de la campagne, l'enjeu de l'économie était celui qui allait avoir le plus d'impact sur les électeurs, a écrit Richard Nixon. Je suis maintenant convaincu que la priorité numéro un, de loin, est de poser des gestes décisifs à l'intérieur du pays. »

Bush

George W. Bush coupé du monde

Pas besoin d'être un expert en relations internationales pour devenir président des États-Unis. Que non! **George W. Bush** en est peut-être la preuve ultime. En 1999, il s'est ridiculisé lorsqu'un journaliste lui a demandé s'il pouvait nommer les leaders de quatre points chauds du globe : la Tchétchénie, Taïwan, le Pakistan et l'Inde.

George W. Bush a pu n'en nommer qu'un seul. «Lee», a-t-il répondu dans le cas de Taïwan. Il s'agissait du président Lee Teng-hui. Cet échec retentissant n'a pourtant pas empêché le candidat républicain de s'emparer du poste de commandant en chef l'année suivante.

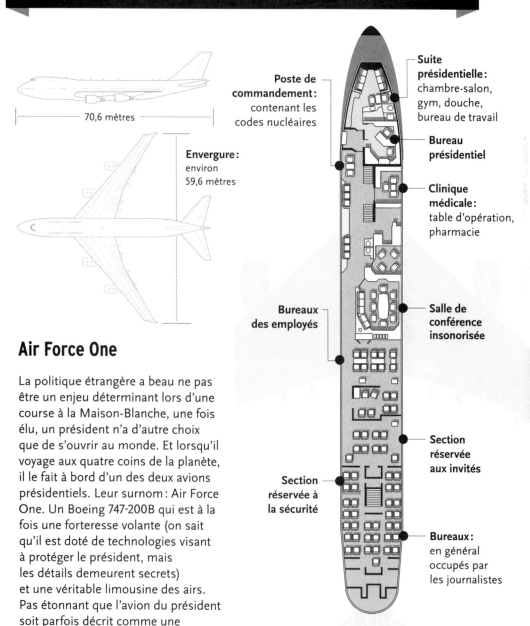

70,6 mètres

Envergure: environ 59,6 mètres

Poste de commandement: contenant les codes nucléaires

Suite présidentielle: chambre-salon, gym, douche, bureau de travail

Bureau présidentiel

Clinique médicale: table d'opération, pharmacie

Bureaux des employés

Salle de conférence insonorisée

Section réservée aux invités

Section réservée à la sécurité

Bureaux: en général occupés par les journalistes

Air Force One

La politique étrangère a beau ne pas être un enjeu déterminant lors d'une course à la Maison-Blanche, une fois élu, un président n'a d'autre choix que de s'ouvrir au monde. Et lorsqu'il voyage aux quatre coins de la planète, il le fait à bord d'un des deux avions présidentiels. Leur surnom: Air Force One. Un Boeing 747-200B qui est à la fois une forteresse volante (on sait qu'il est doté de technologies visant à protéger le président, mais les détails demeurent secrets) et une véritable limousine des airs. Pas étonnant que l'avion du président soit parfois décrit comme une «Maison-Blanche volante».

Source: La Maison-Blanche

Jimi Hendrix

THE STAR SPANGLED BANNER.

SONG & CHORUS.

Musique

Une campagne à la Maison-Blanche réussie, comme un film à succès hollywoodien, a besoin d'une trame sonore aussi enlevante qu'originale.

L'équipe d'un candidat à la Maison-Blanche ne pense donc pas qu'aux enjeux qui préoccupent les Américains. Elle se penche aussi, avec le plus grand sérieux, sur le choix des chansons qui seront utilisées lors des événements politiques de sa campagne.

Les conseillers des politiciens ne cherchent pas seulement à divertir les partisans. Ils se creusent la tête pour trouver des chansons qui deviendront des symboles. Des chansons dont les paroles seront associées, de façon positive, à leur candidat.

Ceux et celles qui ont assisté à l'ascension du démocrate Bill Clinton – au début des années 90 –, fredonnent peut-être encore, lorsqu'ils repensent à cette campagne, l'air de la pièce *Don't Stop Thinking About Tomorrow* du groupe Fleetwood Mac. Une pièce dans laquelle on assure des lendemains qui chantent puisqu'ils seront « meilleurs qu'avant ». C'est exactement ce que Bill Clinton promettait aux Américains lorsqu'il leur demandait de le choisir et de se débarrasser de George Bush père. D'ailleurs, après sa victoire, il a réussi à convaincre les membres du groupe de se réunir pour la chanter, cette chanson, lors des célébrations entourant son investiture. Des pièces musicales ont bien sûr été composées pour plusieurs présidents, mais le premier candidat à avoir sélectionné, pour sa campagne, une chanson déjà endisquée, a été Franklin D. Roosevelt. Les Américains étaient d'humeur morose en 1932. Il leur a promis des jours heureux en leur faisant entendre *Happy Days Are Here Again* dès la convention qui a officialisé sa candidature à la Maison-Blanche. Il s'agissait d'une pièce populaire extraite de la comédie musicale *Chasing Rainbows*.

Dans une variation sur ce thème, certains candidats ont choisi des chansons connues dont ils ont modifié les paroles. John F. Kennedy a ainsi demandé à nul autre que Frank Sinatra de transformer sa chanson *High Hopes* pour en faire un hymne à l'élection du candidat démocrate. *Everyone is Voting for Jack*, a ainsi chanté le célèbre crooner. Barack Obama, lui-même grand amateur de musique, a pour sa part fait du zèle quant à la trame sonore au son de laquelle il a fait campagne en 2012. Ses stratèges ont publié une liste complète de 28 chansons, neuf mois avant le jour du scrutin. Rock, country, Motown... De quoi plaire à presque tous les Américains, qu'ils soient de jeunes universitaires californiens ou des ouvriers du Midwest dans la force de l'âge.

 UN PEU D'HISTOIRE

Touche pas à ma chanson !

Règle d'or pour les candidats à la Maison-Blanche : si vous choisissez une chanson connue pour votre campagne, assurez-vous que l'artiste qui l'a popularisée ne va pas vous rabrouer publiquement... C'est gênant. Parmi ceux qui l'ont compris trop tard : le républicain George W. Bush. Une poignée d'artistes l'ont sommé de cesser d'utiliser leurs chansons, y compris **Tom Petty** et **Sting**. Plusieurs années auparavant, le célèbre **Bruce Springsteen** (proche des démocrates) avait grogné quand Ronald Reagan avait fait jouer sa pièce *Born In The USA* lors de ses rassemblements.

New Deal

Il a beau avoir près de 80 ans, le New Deal demeure brûlant d'actualité. Et il soulève aujourd'hui les passions de façon telle que certains Américains ont certainement l'impression d'avoir utilisé une machine à remonter dans le temps.

Projetons-nous donc, justement, en 1932. Plus précisément lors de la dernière semaine de juin. À Chicago se déroule la convention démocrate. La victoire y a été remportée à l'arraché par Franklin D. Roosevelt au quatrième tour de scrutin.

Lors de son discours devant les délégués, le futur président fera référence au New Deal pour la première fois. « Je vous promets, je me promets un New Deal pour le peuple américain », lance-t-il. L'objectif était alors de remettre le pays sur les rails grâce à une série de mesures. Lors de la convention, elles demeuraient plutôt floues. Elles ne le resteraient pas très longtemps. Au cours des années qui suivront l'élection de Franklin D. Roosevelt, c'est le contrat social américain dans son ensemble qui sera réécrit afin de réduire les inégalités flagrantes entre les plus fortunés et les moins nantis. On a entre autres assisté à la naissance du régime de retraite public et du régime d'assurance-emploi, à la hausse des impôts pour les citoyens les plus riches et à l'adoption de mesures visant à protéger les travailleurs qui souhaitaient se syndiquer.

Déjà, à l'époque, les républicains ont crié au scandale. Ils souhaitaient en finir avec le New Deal. Mais en moins d'une décennie, ils ont compris que ce serait politiquement suicidaire de continuer à s'y opposer. C'est qu'ils ont été échaudés. Tout particulièrement à l'occasion de l'élection de 1948. Le démocrate Harry Truman, successeur de Franklin D. Roosevelt, avait transformé ce scrutin en « référendum sur le New Deal », explique l'économiste Paul Krugman, dans son essai *L'Amérique que nous voulons*.

Quelques années plus tard, une lettre expédiée par le président républicain Dwight D. Eisenhower à son frère Edgar montrait que la hache de guerre était enterrée pour longtemps. « Si un parti politique tentait d'abolir la Caisse de retraite publique, l'assurance-emploi, la législation du travail et les programmes agricoles, on n'entendrait plus jamais reparler de ce parti de notre histoire politique », avait-il alors estimé, à juste titre. Or, selon Paul Krugman, ce consensus s'est mis à s'effriter dans les années 70, lorsque « des éléments révolutionnaires d'extrême droite décidés à revenir sur les acquis du New Deal se sont emparés du Parti républicain ». On connaît la suite. Depuis la présidence de Ronald Reagan, l'État-providence est diabolisé par bon nombre de républicains. Et les membres de ce parti qui sont au pouvoir à Washington tentent d'éroder les fondements du New Deal. Si bien qu'une course à la Maison-Blanche oppose de nos jours :

★ Dans le coin gauche : un démocrate qui se réclame du New Deal, qui soutient que le gouvernement doit contribuer à réduire les inégalités en sol américain et à « rétablir une économie où tout le monde a une chance, où tout le monde fournit sa juste part, et tout le monde joue selon les mêmes règles », comme l'a dit Obama dans son discours sur l'état de l'Union en janvier 2012.

★ Dans le coin droit : un républicain qui reprend le discours des opposants au New Deal de l'époque de Franklin D. Roosevelt, qui soutient que le gouvernement doit s'immiscer le moins possible dans la vie des Américains, qui dénonce les démocrates qui parlent de justice économique et les accuse d'être des socialistes qui veulent « redistribuer la richesse ». De quoi faire se retourner Franklin D. Roosevelt et Dwight D. Eisenhower dans leur tombe...

Optimiste
Octobre

Octobre

**C'est la « surprise d'octobre » qui n'a jamais eu lieu.
Enfin, pas à ce qu'on sache...**

Tout au long du mois d'octobre 1980, l'équipe électorale de Ronald Reagan avait propagé par le biais de la presse l'idée qu'une surprise allait chambouler la course à la Maison-Blanche opposant l'ancien gouverneur de Californie à Jimmy Carter. Et pas n'importe quelle surprise : le président sortant allait annoncer la libération des 52 otages américains détenus en Iran grâce à une entente secrète avec le régime révolutionnaire de Téhéran. C'était la « surprise d'octobre » qui n'a jamais eu lieu. Enfin, pas à ce qu'on sache...

L'expression « surprise d'octobre » fait aujourd'hui référence à toute nouvelle intervenant dans le dernier mois de la campagne présidentielle et dont l'impact peut influencer l'issue du vote. Elle est entrée dans le vocabulaire politique américain dans la foulée de l'élection présidentielle de 1972. Cette année-là, Henry Kissinger, conseiller de la Maison-Blanche en matière de sécurité nationale, avait présenté un plan de paix en neuf points pour mettre fin au conflit au Vietnam. « Nous croyons que la paix est en bonne voie », avait-il annoncé lors d'une conférence de presse tenue le 26 octobre, à quelques jours seulement du scrutin. Après la réélection de Richard Nixon, les journalistes américains s'étaient accordés pour dire que

Reagan

cette « surprise d'octobre » avait permis au président sortant d'augmenter la marge de sa victoire sur son adversaire démocrate, George McGovern, battu dans tous les États à l'exception du Massachusetts. Huit ans plus tard, l'entourage de Reagan avait ébruité la possibilité d'une nouvelle « surprise d'octobre » dans l'espoir d'en amoindrir l'impact au sein de l'électorat américain, qui aurait pu exprimer sa reconnaissance à Carter en le reportant au pouvoir. Le président démocrate n'avait évidemment pas réussi à obtenir la libération des otages, malgré ses efforts, et s'était incliné devant Reagan. Or, comme le veut l'histoire, les otages ont été libérés quelques minutes seulement après l'assermentation de Reagan à titre de 40e président des États-Unis, une succession d'événements qui a fait naître plus d'une théorie de complot.

En 1992, dans un livre intitulé *October Surprise*, Gary Sick, un ancien conseiller de Carter, a notamment évoqué une entente secrète conclue entre les stratèges de Reagan et les mollahs de Téhéran. Selon la thèse de Sick, les Iraniens auraient accepté de retarder la libération des otages en échange de livraisons d'armes via Israël. La théorie ne repose sur aucune preuve irréfutable et souffre d'un certain nombre d'incohérences. Mais l'expression « surprise d'octobre » lui survit. Et elle a fait un retour en force lorsque la vidéo d'une adresse d'Oussama ben Laden aux Américains a fait surface le 30 octobre 2004, à quelques jours de l'élection présidentielle mettant aux prises George W. Bush et John Kerry. Bien sûr, cette « surprise d'octobre » a également engendré d'autres théories de conspiration. Et si la CIA...

Optimisme

Si l'on avait à résumer la journée de la cérémonie d'investiture de Franklin D. Roosevelt, le 4 mars 1933, en une seule et unique image, un choix judicieux serait la une du magazine *New Yorker* où l'on voit le président élu en route pour son assermentation.

La caricature – basée sur les photos prises ce jour-là – est aussi frappante qu'inoubliable parce qu'aux côtés de Franklin D. Roosevelt est assis le président sortant, Herbert Hoover.

Le candidat défait a une mine d'enterrement. Celle de l'enfant qui vient d'apprendre qu'il a été puni parce qu'il a fait une bêtise. Le président élu, lui, a le visage éclairé par un large sourire.

«Mon mari était optimiste jusqu'à la moelle, mais il comprit qu'il n'en allait pas de même pour l'homme assis près de lui», a plus tard raconté Eleanor Roosevelt, femme de celui qui allait présider les États-Unis jusqu'en 1945.

C'est de notoriété publique : l'optimisme de Franklin D. Roosevelt a été à la source de sa victoire en 1932. Et il est loin d'être le seul à avoir pu accéder à la Maison-Blanche parce qu'il voyait le monde avec des lunettes roses. Les Américains ne veulent pas seulement d'un commandant en chef quand ils choisissent un président. Ils veulent aussi un motivateur en chef.

L'optimisme n'est donc pas seulement un attribut qui permettra à un candidat d'être élu à la Maison-Blanche. C'est aussi un ingrédient essentiel pour une présidence réussie. Ronald Reagan, quelques dizaines d'années après Franklin D. Roosevelt, l'aura lui aussi démontré. «Reagan a demandé aux Américains de "rêver des rêves héroïques" et de mettre de côté ce qu'il considérait comme "le pessimisme corrosif des années Carter"», écrit l'un des biographes les plus talentueux du politicien, Lou Cannon.

Ce journaliste estime que l'optimisme du président républicain «n'était pas une qualité banale ou périphérique». Et il laisse entendre qu'il s'agit de son «héritage» le plus important.

À VOUS DE JOUER

Souriez, Monsieur le président !

**Même dans l'adversité, un président américain doit garder le sourire.
Saurez-vous deviner à qui appartiennent ces sourires ?**

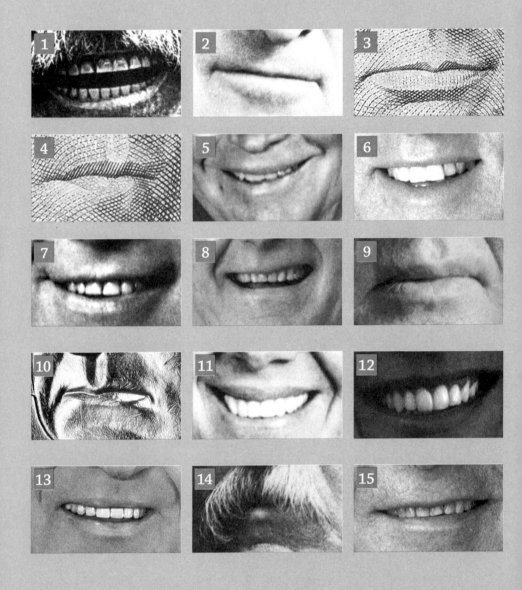

Réponses : 1- Theodore Roosevelt; **2-** Harry S. Truman; **3-** Abraham Lincoln; **4-** Andrew Jackson; **5-** Dwight D. Eisenhower;
6- Bill Clinton; **7-** Gerald Ford; **8-** George H. W. Bush; **9-** Herbert Hoover; **10-** George Washington; **11-** Jimmy Carter;
12- Barack Obama; **13-** Richard Nixon; **14-** Ulysses S. Grant; **15-** George W. Bush.

Présidence
Pire

Pare-chocs

Vous avez déjà été coincé dans un embouteillage aux États-Unis ? Si oui, vous avez probablement eu le temps de réfléchir sur les vertus du pare-chocs comme instrument politique.

Depuis plusieurs décennies, l'entourage et les partisans des candidats à la Maison-Blanche produisent des autocollants destinés à être posés sur des pare-chocs. La popularité de ces «bumper stickers» politiques ne se dément pas, même en pleine ère numérique. Ils demeurent partie intégrante de la course à la Maison-Blanche, d'un bout à l'autre du pays. L'une des rares spécialistes à avoir étudié ce phénomène, Patti Brown, est à la tête de l'Iowa Policy Institute, un centre de recherche situé à Des Moines. Nous l'avons interviewée.

Q : Quand les autocollants conçus pour les pare-chocs sont-ils apparus en sol américain ? Et quand ont-ils été utilisés pour la première fois par les candidats à la Maison-Blanche ?

R : Ils ont été créés à la suite de l'apparition de deux technologies développées à l'époque de la Seconde Guerre mondiale : la peinture fluorescente, mise au point par la compagnie DayGlo, et le papier autocollant, développé par l'armée. Après la guerre, une imprimerie de Kansas City a produit le premier «bumper sticker» en combinant ces deux technologies. (...) Quant à savoir quel candidat les a utilisés en premier, les plus anciens retrouvés avaient été conçus pour Dwight D. Eisenhower (président de 1953 à 1961).

Q: Sur le plan politique, quels sont les plus efficaces?

R: Les meilleurs sont ceux qui vous collent littéralement à la peau à cause de leur couleur, de la forme de leurs caractères et de leur design. Un «bumper sticker» doit attirer l'attention. (...) Ceux d'Obama, par exemple. Le O de son nom est devenu un symbole en lui-même, un peu comme le «swoosh» de Nike. Ce logo de Nike dit tout. Vous n'avez même pas à voir le nom de la compagnie. Obama va parfois incorporer le O dans le mot «hope» (espoir). Parfois le O se retrouvera tout seul et vous comprendrez tout de même de quoi il s'agit. L'objectif d'un «bumper sticker», c'est de devenir emblématique de l'état d'esprit véhiculé par le candidat.

Q: Comment expliquer que ces autocollants demeurent pertinents alors que les candidats communiquent maintenant par Twitter et Facebook?

R: Quand vous posez un «bumper sticker» sur une automobile, vous annoncez aux autres que vous avez pris une décision en faveur d'un candidat. Et si vous êtes un de ceux qui optent rapidement pour ce candidat, cela pourrait en influencer d'autres, qui n'ont pas encore commencé à évaluer les choix qui s'offrent à eux. Je ne sais pas si les «bumper stickers» sont aussi efficaces qu'autrefois avec toutes les nouvelles options offertes par les réseaux sociaux. Mais ils sont encore pertinents.

Pire

Ne croyez pas les candidats à la Maison-Blanche ou les présidents qui disent ne pas se soucier de ce qu'ils laisseront en héritage ou de ce que les futures générations penseront d'eux.

Aucun ne voudrait courir le risque de se retrouver sur la liste – car oui, une telle liste existe – des pires présidents du pays.

Avant même qu'un candidat emménage à la Maison-Blanche, son plan d'attaque est prêt. Il veut se classer parmi les meilleurs. Il a déjà une bonne idée de ce qu'il souhaite accomplir au cours de son mandat et il sait même, généralement, quelles seront ses priorités au cours des 100 premiers jours.

Pourquoi démarrer sur des chapeaux de roues pour faire bonne impression ? À cause de Franklin D. Roosevelt. Ce président américain, qui a fait son entrée à la Maison-Blanche le 4 mars 1933, avait du pain sur la planche et a mis les bouchées doubles alors que les États-Unis traversaient une crise économique et financière d'ampleur inédite.

Homme d'action, le président démocrate a lancé une série d'initiatives et a fait adopter près d'une vingtaine de lois par le Congrès américain en l'espace de 100 jours. Des mesures d'urgence pour sortir le pays du cauchemar qu'était devenu le rêve américain.

La rapidité d'exécution du président n'a jusqu'ici pas été égalée. Mais elle a donné le ton. Dorénavant, les présidents – et les médias qui sont obsédés par leurs faits et gestes – accordent une importance presque démesurée à leurs 100 premiers jours au pouvoir.

Le succès immédiat de Franklin D. Roosevelt, qui ne s'est pas démenti par la suite, lui a assuré une place de choix dans l'histoire. Ce démocrate se classe toujours dans le peloton de tête lorsqu'il s'agit d'identifier les meilleurs présidents du pays. On y retrouve aussi Abraham Lincoln, George Washington, Thomas Jefferson et Theodore Roosevelt. Qu'en est-il des pires ?

Qui sont ceux dont la médiocrité pousse les historiens, dans une belle unanimité, à les reléguer au bas de la liste ? Y figurent souvent le prédécesseur et le successeur d'Abraham Lincoln : respectivement James Buchanan et Andrew Johnson. Le premier n'a pas démontré qu'il avait l'étoffe d'un président lorsque la sécession des États du Sud s'est produite. Le second a échoué à unifier un pays divisé. Critiqué tant par les citoyens du Sud que ceux du Nord, il est passé à un vote près d'être destitué par le Congrès américain.

Warren G. Harding, sous qui la Maison-Blanche était synonyme d'isolationnisme et de corruption, et Herbert Hoover, président lors de la grande dépression des années 1930, figurent aussi parmi les pires d'entre les pires. Une catégorie où devrait aussi se retrouver, estiment plusieurs historiens, un président dont le second mandat s'est achevé il y a quelques années : George W. Bush.

 UN PEU D'HISTOIRE

Le destructeur d'emplois

C'est presque systématique.
Tous les quatre ans, lorsque la course à la Maison-Blanche bat son plein, le nom de **Herbert Hoover** surgit dans les discours du rival du président sortant et les déclarations des membres de son équipe. Il est généralement prononcé avec dégoût et utilisé comme une arme de destruction massive contre le président. Objectif : saboter ses chances de réélection. Pourquoi Herbert Hoover ? Parce qu'on considère qu'il a été une véritable catastrophe au chapitre de la création d'emplois. Lorsqu'il a pris la tête du pays, en 1929, 31,3 millions d'Américains avaient un emploi. À la fin de son mandat, en 1932, le nombre de chômeurs avait explosé. On dénombrait 23,6 millions d'Américains sur le marché du travail, soit une chute de 7,7 %.

Hoover

La tête de l'emploi

Le Mont Rushmore est un mémorial national situé dans l'État du Dakota du Sud, dont la construction a été complétée en 1941. Les visages de quatre des présidents qui ont marqué l'histoire du pays y ont été taillés dans le roc. Pouvez-vous les identifier?

Réponse: de gauche à droite: George Washington, Thomas Jefferson, Theodore Roosevelt et Abraham Lincoln.

Présidence

Nul besoin d'être doué en mathématiques pour comprendre le fonctionnement d'une course à la Maison-Blanche et de l'élection d'un candidat à la présidence. Mais il faut néanmoins savoir jouer avec les chiffres. Certains sont incontournables. En voici qui permettent de s'y retrouver plus facilement.

1787

Le premier drapeau des États-Unis, le « **Betsy Ross** » (1777-1795)

Date de création de la présidence américaine en tant qu'institution, lors de l'adoption de la Constitution du pays

1600

L'adresse de la Maison-Blanche, résidence officielle du président :

**1600 Pennsylvania Avenue NW
Washington, DC 20500**

2

Nombre maximum de mandats. Depuis l'adoption du 23e amendement à la Constitution en 1947, qui a fixé une limite à la durée de la présidence. Un mandat dure généralement 4 ans

35 ans

Âge minimum pour être canadidat à la présidence

 **12** ans

Durée de la présidence la plus longue de l'histoire, celle de **Franklin D. Roosevelt**. Plus exactement : 12 ans, un mois et huit jours

Cleveland

4

Nombre de candidats élus à la présidence même s'ils avaient récolté moins de votes que leurs rivaux au suffrage universel (mais obtenu plus de grands électeurs). **John Quincy Adams (1824), Rutherford B. Hayes (1876), Benjamin Harrison (1888) George W. Bush (2000)**

44

Nombre de présidents à ce jour (tenant compte que **Grover Cleveland** figure deux fois dans la liste puisque ses deux mandats n'ont pas été successifs)

Le candidat qui remporte la majorité des voix dans un État obtient dans presque tous les cas la totalité des grands électeurs de cet État. Cette règle est valable dans 48 États américains et ne comporte que deux exceptions : le **Maine** et le **Nebraska**

48

★ **270**

Le chiffre magique pour devenir président. **Un candidat est élu par les 538 grands électeurs qui composent le collège électoral. Il faut 270 voix ou plus pour l'emporter**

Question

C'est la question qui tue : pourquoi un candidat à la Maison-Blanche veut-il devenir président ?

Cela semble une évidence. Pourtant, un politicien redoutable a appris à ses dépens que ce n'est pas le cas : Edward (Ted) Kennedy, frère cadet de John Fitzgerald Kennedy.

Nous sommes à l'automne 1979. Le démocrate Jimmy Carter est à la Maison-Blanche depuis près de trois ans. Sa popularité est en chute libre. Le mot « malaise » est sur toutes les lèvres en sol américain. Sénateur démocrate à Washington depuis 17 longues années, Ted Kennedy caresse des ambitions présidentielles et est sur le point de faire connaître ses intentions. Il veut défier le président Carter, avec qui il est à couteaux tirés, et provoquer une course au leadership.

C'est alors qu'intervient Roger Mudd, journaliste vedette du réseau CBS. Il prépare une émission spéciale sur Ted Kennedy. Pour l'occasion, il rencontre le politicien dans son bureau du Sénat, le 12 octobre.

Parmi les questions du journaliste ce jour-là, celle qui donne le plus de fil à retordre à Kennedy est pourtant celle qui aurait dû être la moins intimidante. « Pourquoi voulez-vous être président ? » lui demande Roger Mudd.

114

C'est sans aucun doute, dans l'histoire d'une campagne présidentielle, l'une des questions qui ont fait le plus mal à un candidat. La voix de Ted Kennedy ne fait pas écho à celle du reporter. Du moins pas tout de suite. Il fait une pause de quelques secondes, soit une éternité au petit écran. On sent qu'il cherche ses mots. On lit l'incertitude dans son regard. Puis il donne une réponse hésitante.

« Oh mon Dieu ! » ai-je pensé. « Il ne sait pas. Il ne sait pas pourquoi il se présente », écrira Roger Mudd dans ses mémoires.

« Ses phrases manquaient de sens. Ses mots se chevauchaient et il ne cessait de répéter que le pays avait des problèmes pour ce qui est de l'énergie et de l'inflation et du chômage et de l'inflation et de l'énergie et du chômage. Ça n'a jamais été vraiment mieux que ça », ajoutera le journaliste.

La réponse évasive de Ted Kennedy, à l'instar de la question posée, passeront à l'histoire.

L'émission spéciale sera diffusée le 4 novembre 1979. Elle fera très mal au cadet des fils de Joseph Kennedy. D'autant plus qu'il aura l'air en colère lorsqu'on l'interrogera sur LE scandale qui l'aura hanté toute sa vie : l'accident de voiture qui s'est produit dix ans plus tôt à Chappaquiddick, dans lequel sa passagère, Mary Jo Kopechne, est morte noyée.

Le sénateur ira néanmoins jusqu'au bout. Trois jours après la diffusion de l'émission spéciale, il annoncera qu'il est candidat à la Maison-Blanche.

Il luttera contre Jimmy Carter jusqu'à la convention démocrate, qui confirmera la victoire de ce dernier.

Triomphe sans gloire du président sortant. Le duel se termine en queue de poisson. La hache de guerre ne sera jamais enterrée.

Ronald Reagan profitera de la lutte sans pitié au sein des démocrates et de la chute de popularité de Jimmy Carter. En novembre 1980, il s'emparera de la présidence et la conservera pendant deux mandats.

Quant à Ted Kennedy, échaudé, il ne convoitera plus jamais le poste de commandant en chef des États-Unis. Il n'aura donc jamais eu l'occasion de justifier une nouvelle fois son désir de devenir président.

Richard Nixon

Quilles

Pour être élu à la Maison-Blanche, il n'est pas nécessaire d'être un bon joueur de quilles. Suffit de faire semblant d'aimer ce sport !

Souvenons-nous de la fameuse sortie de Barack Obama au bowling d'Altoona, en Pennsylvanie. Il s'y s'était présenté un samedi soir de mars 2008 en bras de chemise, au plus fort de la course à l'investiture démocrate pour la présidence. Son premier lancer avait abouti dans le dalot.

« Mon programme économique est meilleur que ma performance au bowling », avait-il assuré à ses compagnons de jeu. « Il faut l'espérer », avait répliqué l'un d'eux. Le sénateur de l'Illinois avait mis un terme à sa partie après sept carreaux. Son score final : 37. De toute évidence, les électeurs ne lui avaient pas tenu rigueur d'avoir joué comme un pied. Il leur avait suffi que le candidat démocrate taxé d'élitisme fasse ce que plusieurs autres aspirants à la Maison-Blanche avaient fait avant lui : témoigner du respect pour un des passe-temps favoris des cols bleus américains.

Bien sûr, il s'agissait de la part de Barack Obama d'un racolage de bas étage. Pour s'en convaincre, il suffit de rappeler la promesse qu'il avait faite un mois plus tard en visitant le Temple de la renommée du basketball d'Indiana, un État du Midwest où le sport de la légende locale, Larry Bird, n'est pas un passe-temps mais une religion. « J'ai promis que nous enlèverions l'allée de bowling de la Maison-Blanche pour y installer un court de basketball », avait-il déclaré.

Promesse qu'il faut ranger parmi celles que le 44e président n'a pas tenues. L'allée de bowling que Richard Nixon a fait construire en 1969 sous le portique nord de la Maison-Blanche est toujours au même endroit et continue d'être utilisée par une centaine de visiteurs par mois.

Quant à Barack Obama, il ne battra probablement jamais le meilleur score de Nixon, un passionné de bowling : 232.

Au jeu, président !

**Vous pensez connaître la vie sportive des occupants de la Maison-Blanche ?
Associez chacun de ces sports à un président qui le pratiquait.**

1 Voile

2 Pêche

3 Golf

4 Fers

5 Vélo

Barack Obama

Richesse

Redécoupage

Et si les parlementaires pouvaient choisir les électeurs qui voteront pour eux ? Ne riez pas ! Une telle perversion de la démocratie est possible. Pire, elle est presque devenue la norme aux États-Unis.

On y pratique fréquemment le redécoupage électoral de façon partisane. Avec des logiciels qui permettent d'évaluer qui remportera la victoire si on retire d'un district (l'équivalent américain d'une circonscription) les électeurs de tel quartier ou de telle rue, par exemple. Cette manipulation fort peu éthique est ce qu'on appelle en sol américain, de façon sarcastique, le «gerrymandering». Néologisme formé par le prénom d'un gouverneur du Massachusetts du début de 19ᵉ siècle et le mot salamandre, en anglais. Parce que le gouverneur en question, Elbridge Gerry, avait établi de nouvelles limites pour une circonscription qui, au final, ressemblait à un reptile. Tout ce que la Constitution américaine précise, c'est que les divers districts américains doivent avoir sensiblement le même nombre d'électeurs. De nos jours, dans la majorité des États, ce sont les élus des États américains qui se chargent du redécoupage électoral. Ce qui multiplie bien sûr les conflits d'intérêts. La possibilité de sélectionner les électeurs qui voteront pour chacun des parlementaires rend plusieurs politiciens quasi invincibles et ce, tant au sein des assemblées législatives des États que de la Chambre des représentants à Washington. «Leur sécurité d'emploi est maintenant meilleure que celle de la reine d'Angleterre et ils ont, comme elle, aussi peu besoin de solliciter l'assentiment de leurs sujets», avait décrié, il y a quelques années, le respecté journaliste politique David Broder. Au Canada, la méthode utilisée est nettement moins controversée.

Gerrymander

Le redécoupage des circonscriptions fédérales s'effectue tous les dix ans, après un recensement. Une commission indépendante dans chaque province s'en occupe. Ces commissions sont présidées par des juges. Et chacun de ces juges est nommé par le juge en chef de sa province.

«Chaque commission travaille séparément afin de proposer une nouvelle carte électorale pour sa province en tenant compte de critères tels que les chiffres de la population moyens, l'identité des communautés et les communautés d'intérêts, l'évolution historique d'une circonscription et la superficie des circonscriptions», explique Élections Canada.

La façon dont les élus américains piétinent les droits de leurs citoyens n'est malheureusement pas le genre de nouvelle qui fait la manchette. L'enjeu est complexe et tout sauf flamboyant. Pourtant, il s'agit d'une procédure scandaleuse qui a un impact aussi réel que nuisible sur le processus démocratique.

Si le redécoupage partisan n'a pas d'impact direct sur le résultat de la course à la Maison-Blanche, il a un lien avec la façon dont le président américain pourra gouverner. Si le parti du président n'est pas en mesure de contrôler au moins une, voire les deux chambres du Congrès américain, les pouvoirs du commandant en chef seront forcément limités.

★ ★ ★ L'identité religieuse des Américains ★ ★ ★

Protestants
51,3%

Catholiques
23,9%

Mormons
1,7%

Témoins de Jéhovah
0,7%

Agnostiques
1,6%

Athées
2,4%

Juifs
1,7%

Bouddhistes
0,7%

Musulmans
0,6%

Hindouistes
0,4%

Source : The Pew Forum on Religions & Public Life

Religion

Dis-moi si tu vas à l'église le dimanche et je te dirai pour qui tu voteras le jour de l'élection présidentielle.

De tous les indicateurs électoraux, la pratique religieuse est en effet le plus fiable aux États-Unis, devant le niveau d'éducation et le statut économique. Depuis plus d'une génération, les électeurs les plus religieux, à l'exception des Afro-Américains, votent massivement pour le candidat du Parti républicain.

Le phénomène est connu sous l'appellation de « God Gap » (le gouffre qui sépare les deux grands partis sur le plan du vote religieux) et il s'est manifesté de façon éclatante lors de l'élection présidentielle de 2004. Le républicain George W. Bush avait remporté 61 % des suffrages contre 39 % pour le démocrate John Kerry parmi les électeurs fréquentant l'église sur une base hebdomadaire. Le président sortant s'était donc retrouvé avec une avance spectaculaire de 27 millions de personnes au sein de cet électorat.

En 2008, le démocrate Barack Obama aura réussi à réduire cet écart à 15 millions de personnes, ayant remporté 43 % des suffrages contre 55 % pour le républicain John McCain parmi les électeurs fréquentant l'église au moins une fois par semaine. Son succès n'est pas le fruit du hasard. Dès son discours à la convention démocrate de 2004, il avait prononcé une phrase qui avait retenu l'attention des chrétiens évangéliques. « Les spécialistes aiment départager notre pays en États rouges et en États bleus ; les États rouges pour les républicains, les États bleus pour les démocrates. Mais j'ai aussi une information pour eux. Nous adorons un Dieu sublime dans les États bleus », avait déclaré le jeune sénateur de l'Illinois en utilisant une expression (« awesome God ») qui est aussi le titre d'une célèbre chanson de Rich Mullins, un chanteur chrétien populaire.

En 2006, le futur candidat présidentiel a prononcé un autre discours important dans lequel il appelait les progressistes à tendre la main « à la communauté évangélique et à mobiliser des millions d'Américains religieux» pour mettre en œuvre le «renouveau américain». Deux ans plus tard, cet appel a sans doute contribué à réduire l'impact des discours incendiaires de Jeremiah Wright, l'ancien pasteur du candidat présidentiel du Parti démocrate. Mais qu'allait-il en être du «God Gap» à l'occasion de l'élection présidentielle de 2012? Deux données rendaient hasardeuse une réponse à cette question. Les électeurs catholiques allaient-ils être influencés par les accusations des évêques américains et des élus républicains selon lesquelles l'Administration avait déclaré la «guerre» à l'Église catholique sur la question du remboursement de la contraception? Et comment les électeurs évangéliques allaient-ils réagir à la présence d'un candidat mormon, en l'occurrence Mitt Romney, à la tête du ticket républicain?

★ ★ ★ La ceinture de la Bible ★ ★ ★

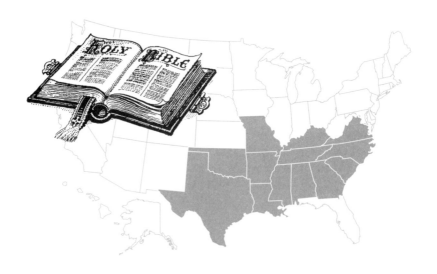

La **Bible Belt**, littéralement la «ceinture de la Bible», regroupe les États du Sud où le protestantisme est pratiqué dans sa forme la plus rigoriste. Le journaliste H. L. Mencken a introduit cette désignation dans les années 1920.

Richesse

L'argent fait presque toujours le bonheur d'un candidat à la Maison-Blanche lorsqu'il est question du montant récolté pour sa campagne. Mais qu'en est-il de la fortune personnelle des prétendants ?

Politiquement, un candidat aura-t-il plus de chances d'être élu s'il est riche ou s'il est pauvre ?

La question, encore aujourd'hui, est l'une de celles qu'on ne peut trancher clairement. Certains candidats ont été élus et appréciés lorsqu'ils étaient au pouvoir, même si leur richesse aurait pu laisser croire qu'ils étaient déconnectés de l'Américain moyen (comme le démocrate Franklin D. Roosevelt). D'autres n'ont pas su convaincre les électeurs de leur faire confiance, même s'ils n'étaient pas plus riches qu'eux (comme le républicain Gerald Ford).

Le premier président américain, George Washington, a fait la preuve que richesse peut rimer avec Maison-Blanche. Ceux et celles qui ont déjà visité Mount Vernon – domaine qu'il possédait jadis en Virginie, qui surplombe le fleuve Potomac –, le savent. L'homme était bien loin de tirer le diable par la queue.

Si on indexait sa fortune en fonction de l'inflation, elle représenterait aujourd'hui plus de 500 millions de dollars. Si bien qu'on le considère comme le plus riche président de l'histoire du pays.

Mais à l'ère des publicités négatives, du Web, des divers médias sociaux et surtout de l'instantanéité, la richesse d'un candidat peut-elle devenir un handicap ? Un politicien peut-il être trop riche ? La question se pose. Et les années à venir permettront d'y répondre avec plus de certitude. Mais chose certaine, en 2012, la fortune du candidat Mitt Romney – évaluée à plus de 200 millions – a été un embarras plus qu'un atout.

Alors que les États-Unis peinaient toujours à se sortir d'une crise économique majeure, les détracteurs du politicien républicain répétaient inlassablement qu'il n'était pas à même de comprendre les malheurs des moins bien nantis.

Plusieurs déclarations et décisions de Mitt Romney ont semblé confirmer ces préjugés et les médias n'ont pas manqué d'en faire leurs choux gras. Ainsi, au cours de la campagne, le candidat a dit qu'il ne s'en faisait pas «pour les pauvres». Il a aussi planifié des rénovations majeures dans sa maison en Californie, incluant l'installation d'un ascenseur pour ses véhicules. Cela dit, un candidat à la présidence qui n'est pas millionnaire est aujourd'hui presque assuré de le devenir s'il est élu président. Une fois à la retraite, il lui sera facile de monnayer son expérience à la Maison-Blanche. Vous avez été président ? Les gens sont prêts à payer le prix fort pour vous entendre. L'un de ceux qui profitent avec le plus de succès de cette manne est le démocrate Bill Clinton. Dans les dix années ayant suivi son départ de la Maison-Blanche, il a encaissé, pour ses divers discours prononcés aux quatre coins du monde, plus de 75 millions de dollars !

Les cinq présidents américains les plus riches *

1.	George Washington :	525 millions de dollars
2.	Thomas Jefferson :	212 millions de dollars
3.	Theodore Roosevelt :	125 millions de dollars
4.	Andrew Jackson :	119 millions de dollars
5.	James Madison :	101 millions de dollars

* La valeur des fortunes des présidents a été calculée par la firme 24/7 Wall St.
en 2010. Cette liste exclut la fortune de la famille de John F. Kennedy, dont le président n'a jamais hérité, qui se chiffrerait aujourd'hui à près d'un milliard.

Sexe

L'écart est apparu pour la première fois lors de l'élection présidentielle de 1980 : huit points de pourcentage séparaient les deux sexes dans leur choix, Ronald Reagan ayant défait Jimmy Carter avec 54 % du vote masculin et seulement 46 % du vote féminin.

C'est ce que les universitaires et les analystes américains ont plus tard appelé le « gender gap », le fossé entre les deux sexes sur les préférences politiques. Non seulement ce fossé ne s'est-il jamais démenti depuis lors, mais il a acquis une coloration politique nettement plus prononcée depuis 1992. Lors de l'élection tenue cette année-là et dans toutes celles qui ont suivi, les électrices ont préféré les candidats du Parti démocrate. En 1996, cet écart a atteint 11 points de pourcentage – un sommet –, le démocrate Bill Clinton ayant battu le républicain Bob Dole avec 54 % du vote féminin et seulement 43 % du vote masculin. C'était l'année des « soccer moms », nom donné à la catégorie d'électrices – les femmes vivant en banlieue – ciblée par la campagne du président sortant. Comment expliquer cette préférence des femmes pour les candidats du Parti démocrate, qui ne pourraient être élus à la Maison-Blanche sans ce phénomène ? La réponse de Debbie Walsh, directrice du Center for American

Women and Politics à l'Université Rutgers, n'a rien de vraiment étonnant : « Une motivation importante dans le vote féminin se trouve dans le sentiment qu'ont les femmes qu'elles sont plus vulnérables économiquement et qu'elles auront éventuellement besoin du filet de sécurité que l'État fournit. » Les commentateurs conservateurs ont tendance à minimiser l'importance du « gender gap », faisant notamment valoir qu'une pluralité d'hommes a voté pour les candidats du Parti démocrate dans toutes les élections présidentielles depuis 1980, à l'exception de celles de 1992 et 2008.

Cette explication serait sans doute plus convaincante si les hommes étaient aussi nombreux que les femmes à s'inscrire sur les listes électorales et à se rendre aux urnes. Or, il n'en est rien. En 2000, par exemple, il y avait 9,3 millions de femmes de plus que d'hommes qui étaient aptes à voter. Quatre ans plus tard, le taux de participation de l'électorat féminin s'élevait par ailleurs à 60,1 % contre 56,3 % pour l'électorat masculin. Ces données n'avaient rien d'exceptionnelles. Elles reflétaient une tendance lourde. La préférence des femmes pour les candidats du Parti démocrate ne leur garantit évidemment pas la victoire. En 2004, par exemple, George W. Bush avait réussi à réduire à trois points de pourcentage la supériorité de John Kerry auprès de l'électorat féminin.

La dame et le tigre

Cette caricature de Clifford K. Berryman dépeint les deux grands gagnants de l'élection de 1917 à New York, les suffragettes et Tammany Hall, nom de la machine démocrate à New York, symbolisée par le tigre. Le droit de vote des femmes allait s'étendre à tous les États en 1920.

36%

Sont en faveur d'un
gouvernement plus actif

1869

**Le 15e amendement
de la Constitution**
donne aux hommes
noirs le droit de vote
dans l'ensemble
de l'Union

40%

Sont en faveur
du **mariage gai**

57%

Voient d'un
bon œil la
promotion de
l'**énergie
nucléaire**

33%

Souhaitent un plus
grand contrôle
des **armes à feu**

14%

Des hommes âgés
de 25 à 34 ans **vivent
avec leurs parents**

49%

Ont voté pour
le **candidat
démocrate**
à l'élection
présidentielle
de 2008

56 ans

**Arnold
Schwarzenegger**
avait 56 ans quand
il s'est fait élire au
poste de gouverneur
de Californie

132

Sources: Pew Research Center, CNN/ORC Poll, Gallup, Cobb-LaMarche

★ ★ ★ Femmes et présidence ★ ★ ★

Les femmes sur le marché du travail ont massivement préféré Gore à Bush en 2000 **(58 % ont voté pour le démocrate et 39 % pour le républicain)**

1920

Année de l'adoption du 19e amendement de la Constitution, qui donne le droit de vote aux femmes dans l'ensemble de l'Union

8%

Des femmes âgées de 25 à 34 ans **vivent avec leurs parents**

42 ans

À 42 ans, **Sarah Palin** est devenue en 2006 la plus jeune femme à se faire élire au poste de gouverneur

45%

Sont en faveur d'un **gouvernement plus actif**

53%

Sont en faveur du **mariage gai**

55%

Souhaitent un plus grand contrôle des **armes à feu**

Les femmes sont moins susceptibles que les hommes d'appuyer des **candidates républicaines**

Sources: Pew Research Center, CNN/ORC Poll, Gallup, Bureau du recensement américain, Source Center for American Women and Politics – Rutgers

Twitter Tea Party

Tarmac

Ainsi parla John F. Kennedy le 17 septembre 1960 :

« Je suis ici non pas en tant que citoyen du Massachusetts ou du Nord-Est et pas seulement en tant qu' Américain. Je suis ici en Caroline du Nord en tant que porte-étendard du plus ancien parti politique du monde, le Parti démocrate. »

Le futur président des États-Unis se trouvait bel et bien en Caroline du Nord, mais tout juste. Il prononça ce discours électoral dans un hangar de l'aéroport de Greensboro, après quoi il remonta aussitôt dans son avion pour se rendre à sa prochaine destination. Les journalistes américains ont une expression pour décrire les rassemblements électoraux que tiennent les prétendants à la présidence dans les aéroports : « tarmac campaigning ». Pour économiser du temps et assurer à leur campagne une couverture à la télévision locale, les candidats vont ainsi d'un tarmac à l'autre, ne se rendant pas plus loin que l'aéroport pour rencontrer les électeurs d'une ville donnée. Le phénomène est particulièrement populaire lors des primaires. À l'approche du « super mardi » de 1988, Bob Dole avait ainsi réussi à « visiter », en une semaine, Atlanta (Géorgie) ;

Jackson (Mississippi), Fort Lauderdale (Floride) ; Durham (Caroline du Nord) ; Tulsa, Oklahoma City et Enid (Oklahoma) ; La Nouvelle-Orléans (Louisiane) ; Montgomery (Alabama) ; Washington, D.C. ; Baltimore et Salisbury (Maryland) ; Greensboro et Asheville (Caroline du Nord) ; Myrtle Beach et Columbia (Caroline du Sud) ; Lexington (Kentucky) ; St. Louis, St. Charles, Jefferson City et Joplin (Missouri) ; Miami et St. Petersburg (Floride) ; et Atlanta une deuxième fois !

« Nous voyons de beaux États », avait ironisé le prétendant républicain en faisant allusion à sa version effrénée du « tarmac campaigning ». À force de fréquenter les aéroports, les candidats risquent évidemment de croiser leurs rivaux sur le tarmac, ce qui est arrivé à Barack Obama et Hillary Clinton le 13 décembre 2007 à l'aéroport Ronald-Reagan, près de Washington, à quelques heures d'un débat télévisé en Iowa.

La sénatrice de New York avait profité de l'occasion pour demander à parler à son collègue de l'Illinois afin de s'excuser auprès de lui pour les propos de Bill Shaheen, un conseiller de sa campagne au New Hampshire. Celui-ci avait déclaré la veille que, si Obama devenait candidat démocrate à l'élection présidentielle, le camp républicain allait certainement parler de ses anciennes expérimentations avec la drogue.

Au lieu d'accepter ses excuses, Obama s'était plaint à l'ex-« First Lady » de la campagne de dénigrement dont il croyait faire l'objet. Une campagne qui aurait inclus un courriel transmis par un des bénévoles de sa rivale en Iowa, dans lequel on le décrivait comme un musulman. L'accusation avait fait bondir Hillary, qui s'était mise à gesticuler et à critiquer les coups bas de son adversaire et de son entourage. Obama avait tenté de la calmer en plaçant une main sur son bras. Clinton avait eu un mouvement de recul, comme si elle avait trouvé ce geste condescendant ou envahissant, ou les deux à la fois. En montant dans son avion quelques instants plus tard, le sénateur de l'Illinois n'avait pas caché un sentiment d'émerveillement aux membres de son entourage. Selon le livre *Renegade* du journaliste Richard Wolffe, il avait déclaré, en se calant dans son siège : « Je n'avais jamais vu cette inquiétude dans son regard auparavant. Je pense que nous pouvons gagner cette course. »

Tea Party

Mettons d'abord les choses au clair : le Tea Party n'est pas un parti politique, même si on écrit souvent que plusieurs candidats d'un bout à l'autre des États-Unis sont issus de ce mouvement.

C'est une coalition hétéroclite de militants qui partagent un objectif principal : réduire le poids du gouvernement fédéral dans la société américaine. Et par conséquent faire chuter les impôts versés à l'État. S'il ne s'agit pas d'une formation politique, le Tea Party est cependant étroitement associé au Parti républicain. Et il est en partie responsable de la radicalisation de ce dernier au cours des dernières années.

Mais revenons aux sources du Tea Party, dont le nom évoque un moment-clé de l'histoire politique du pays s'étant déroulé en 1773. Cette année-là, lors du Boston Tea Party, des Américains ont jeté à l'eau une cargaison de thé appartenant à l'Empire britannique. L'événement, hautement symbolique, aura été l'un des signes précurseurs de la guerre d'indépendance américaine.

Plus de 200 ans plus tard, les militants du Tea Party montent eux aussi au front. Ils mènent une guerre idéologique au nom, disent-ils, du respect de la Constitution. Celle-ci, selon eux, ne permet pas au gouvernement fédéral de s'immiscer autant qu'il le fait dans la vie (et les portefeuilles) de ses citoyens.

La grogne de ces militants est d'autant plus forte qu'en raison de la crise économique et financière qui a frappé les États-Unis à la fin du règne de George W. Bush, l'État fédéral a desserré les cordons de la bourse. Bon nombre d'individus et d'entreprises ont eu droit à un coup de pouce. Le secteur automobile a, par exemple, bénéficié d'un plan de sauvetage financé par le gouvernement. Cet accroissement du rôle joué par l'État n'a pas fait que des heureux. Les militants les plus enflammés du Tea Party n'hésitent pas à soutenir qu'ils vivent maintenant sous une tyrannie et que la réforme du système de santé promulguée par le président Barack Obama après son élection en est la preuve ultime. Pour eux, les politiciens démocrates sont des « socialistes ». Les militants de ce mouvement populiste conservateur font donc beaucoup de bruit. Mais sont-ils influents ? Dans une certaine mesure, oui. Grâce à leur activisme politique, ils ont éjecté plusieurs politiciens modérés du Parti républicain. L'effet Tea Party s'est tout particulièrement manifesté lors des élections de mi-mandat au Congrès américain en 2010. Des candidats soutenus par le mouvement ont été sélectionnés, au détriment d'autres républicains jugés moins purs et durs idéologi-quement, pour affronter des candidats démocrates aux quatre coins du pays. Au final, le Tea Party a donné sa bénédiction à plus d'une centaine de candidats à la Chambre des représentants du Congrès américain (sur 435 sièges) et à plusieurs candidats au Sénat.

Et l'influence du Tea Party sur la présidentielle ? En 2012, les candidats à la course au leadership du Parti républicain qui étaient les chouchous du mouvement ont été écartés. Le favori de « l'establishment », Mitt Romney, l'a emporté. Il a toutefois choisi comme colistier Paul Ryan, un politicien apprécié des militants du Tea Party.

Twitter

« Aujourd'hui, j'annonce ma candidature à la présidence des États-Unis. »

Par ces mots, Newt Gingrich est devenu, le 11 mai 2011, le premier politicien américain à lancer officiellement sa campagne à la Maison-Blanche sur Twitter. Un mois plus tôt, Barack Obama avait créé son propre précédent en annonçant sur le site de microblogging son intention de briguer un second mandat. Obama, qui avait misé à fond sur l'Internet participatif et les réseaux sociaux lors de sa campagne présidentielle de 2008, a commencé celle de 2012 en tant que champion absolu de Twitter parmi les politiciens américains avec plus de 10 millions d'abonnés. Son plus proche rival chez les prétendants républicains à la Maison-Blanche, Gingrich, en revendiquait à peine plus d'un million, ce qui était quand même trois fois plus que Mitt Romney. Bien sûr, les Obama, Gingrich et cie n'écrivent pas eux-mêmes la plupart des messages de 140 caractères ou moins qui sont publiés en leur nom sur Twitter. Ils confient cette tâche à des membres de leurs équipes électorales, qui se servent du site pour diffuser les discours ou les publicités des candidats, mobiliser leurs partisans, amasser des fonds ou répondre à des attaques. Les abonnés de @barackobama savaient cependant que le président était l'auteur de tous les messages de ce compte se terminant par -bo. Les journalistes sont également très actifs sur Twitter. Lors de la campagne présidentielle de 2012, ils auront notamment contribué à accélérer le rythme de la course en publiant et en commentant à la seconde près les faits et gestes des candidats. Leurs interventions – informatives, mordantes ou loufoques – auront également changé la façon de suivre les débats télévisés. Les stratèges des deux partis auront aussi utilisé Twitter pour influencer l'opinion publique. Un des exemples les plus marquants aura été le mot-clic #what10kbuys créé par le Comité national du Parti démocrate lors du débat républicain au cours duquel Mitt Romney a fameusement proposé à Rick Perry un pari de 10 000 $ pour prouver qu'il avait raison.

Ce mot-clic signifiant en français « ce que l'on peut acheter avec 10 000 $ » est vite devenu ce soir-là un des sujets de discussion les plus populaires sur Twitter. En l'introduisant ainsi sur le site, les stratèges démocrates auront contribué à renforcer l'idée que Romney, candidat multimillionnaire, était déconnecté de la réalité des gens ordinaires.

★ ★ ★ Gazouillis politiques * ★ ★ ★

Les abonnés de Twitter savent qu'il n'y a rien de plus éphémère qu'un gazouillis de 140 caractères ou moins et certains gazouillis publiés sur le site de microblogging ne s'oublient pas. En voici quelques-uns d'entre eux qui nous ont frappés.

« Conservateurs sensés et amants de l'Amérique :
" Ne reculez pas, rechargez (vos armes) ". »

– L'ancienne candidate à la vice-présidence **Sarah Palin**, employant une métaphore, qui lui sera plus tard reprochée, pour rallier ses troupes après l'adoption de la réforme de Barack Obama sur la santé.

....

« @ladygaga : Nous avons réussi !
#DADT est une chose du passé. »

– Le chef de la majorité démocrate du Sénat **Harry Reid**, célébrant avec une de ses alliées les plus inusitées, la chanteuse pop Lady Gaga, l'abrogation du tabou homosexuel dans l'armée américaine.

....

« J'imagine qu'il fait trop noir pour jouer au golf,
donc au lieu de s'occuper d'un désastre nucléaire potentiel
et de la dévastation au Japon, Obama collecte des fonds ! »

– L'animateur de Fox **Sean Hannity**, s'indignant de l'emploi du temps du président démocrate.

---

* Traduits en français, certains gazouillis dépassent les 140 caractères permis dans un message sur Twitter.

Université

Unité

United We Stand

LUX ET VERITAS

Unité

« Il n'y a pas une Amérique conservatrice ou libérale. Il n'y a pas une Amérique noire ou blanche. Il y a simplement les États-Unis d'Amérique. »

Ce message, Barack Obama l'a lancé aux Américains lors de sa première grande apparition publique sur le plan national : la convention démocrate de 2004. Il l'a ensuite répété sur toutes les tribunes, inlassablement, lors de sa première course à la Maison-Blanche. La stratégie a porté ses fruits. Pourquoi ? Parce que les Américains, s'ils aiment débattre, en ont plein le dos des querelles improductives trop fréquentes à Washington. Ils souhaitent plus de coopération entre les politiciens des deux grands partis.

D'où les nombreux discours des candidats à la Maison-Blanche qui promettent tous plus d'unité et moins d'initiatives purement partisanes.

Le hic, c'est qu'à Washington, depuis quelques décennies, l'union ne fait plus la force. Depuis, en fait, que les républicains au Congrès ont déterré la hache de guerre à l'arrivée du démocrate Bill Clinton à la Maison-Blanche. Dorénavant, c'est presque systématique : le président et les autres politiciens de son parti se font mettre des bâtons dans les roues par les parlementaires du parti rival dans la capitale américaine.

C'était le cas sous George W. Bush – sauf lors d'une brève période après les attentats du 11 septembre où l'unité était de mise et les dissidents décriés – et sous Barack Obama. La polarisation qui s'accentue année après année dans l'univers politique américain (à laquelle on peut associer plusieurs facteurs, dont l'émergence du mouvement du Tea Party) n'est pas étrangère à cette situation.

Ce cul-de-sac politique, parallèlement au désir de la population de parvenir à un consensus salutaire dans la capitale américaine, est probablement ce qui a inspiré les créateurs de la populaire série télé *The West Wing*. Celle-ci, il y a quelques années, s'est terminée sur le thème de la réconciliation. Dans un épisode de cette télésérie, un président démocrate fraîchement élu, Matt Santos, a offert le poste de secrétaire d'État à son rival républicain, Arnold Vinick. La réalité dépassera-t-elle un jour la fiction à Washington?

 ## UN PEU D'HISTOIRE

Clinton

Des équipes de rivaux

L'unité aura été le mot d'ordre du président Abraham Lincoln dès après son élection à la Maison-Blanche. Il a offert des postes importants au sein de son administration à ses trois adversaires lors de la course à l'investiture du Parti républicain. Ce geste de réconciliation a été ramené sous les projecteurs en 2006 par l'historienne Doris Kearns Goodwin. Elle a publié une biographie d'Abraham Lincoln intitulée *A Team of Rivals*. «Une équipe de rivaux», littéralement. Le livre a, peu après, reçu les louanges du président Barack Obama. S'en est-il inspiré? Il a lui-même offert le poste de secrétaire d'État à sa grande rivale démocrate, **Hillary Clinton**.

Université

**C'est entendu :
l'obtention d'un diplôme d'études
supérieures n'est pas un critère
d'éligibilité pour la présidence
américaine. Dix des 43 premiers
locataires de la Maison-Blanche
l'ont d'ailleurs prouvé, le dernier
du groupe étant Harry Truman.**

Mais le chemin le plus sûr vers le 1600 Pennsylvania Avenue semble passer par l'Ivy League, une appellation qui fait référence à un petit groupe d'universités prestigieuses du Nord-Est américain, parmi lesquelles figurent Harvard, Yale, Princeton et Columbia.

Harvard peut ainsi se vanter d'avoir formé huit des 43 premiers présidents, un sommet parmi les universités américaines. Suivent Yale, fréquentée par cinq futurs présidents, Columbia (trois) et Princeton (deux).

Barack Obama figure par ailleurs au nombre des présidents ayant fréquenté non pas une, mais deux universités de l'Ivy League, en l'occurrence Columbia et Harvard. Font également partie de ce groupe George W. Bush (Yale et Harvard) et les Roosevelt (Theodore et Franklin), qui sont passés par Harvard et Columbia.

Quant à Bill Clinton, diplômé en droit de Yale, il a également franchi l'Atlantique pour étudier à Oxford, protester contre la guerre du Vietnam et fumer de la marijuana (sans toutefois inhaler). Seuls John F. Kennedy et John Quincy Adams, deux diplômés de Harvard, ont également fait des études supérieures à l'étranger, le premier à la London School of Economics et le deuxième à l'Université de Leyde en Hollande.

Dieu seul sait ce que ces derniers ont inhalé là-bas.

～ DIPLÔME HONORIFIQUE ～

★★★ ★★★

Les auteurs de ce livre, Richard Hétu et Alexandre Sirois, décernent ce diplôme à :

— Inscrivez votre nom ici —

Parce que vous savez dorénavant (entre autres) que : Les 538 grands électeurs qui forment le collège électoral désignent tous les quatre ans le président des États-Unis. Les débats télévisés ont rarement eu un impact important sur le verdict des élections présidentielles. L'économie compte pour beaucoup dans le résultat des élections présidentielles. Si vous voulez remporter la course à la Maison-Blanche, il vaut mieux : Trouver un barbier sympathique qui demande des tarifs raisonnables. Donner aux électeurs le goût d'aller prendre une bière avec vous. Être optimiste et faire rêver les électeurs, même si les choses vont mal.

Richard Hétu, auteur

Alexandre Sirois, auteur

SEAL OF THE PRESIDENT OF THE UNITED STATES

Sexe, fric et vote

L'expression «à un battement de cœur de la présidence» a pris tout son sens pour le vice-président **Lyndon Johnson (1)** lors de l'assassinat de John F. Kennedy. Le vice-président **Al Gore (2)** n'est pour sa part jamais devenu président. **Sarah Palin (3)**, elle, n'a même pas eu la chance d'être vice-présidente. **George H. W. Bush (4)**, vice-président de Ronald Reagan, a succédé à ce dernier à titre de président.

Vice-présidence

Un électeur américain peut-il accorder son vote à Barack Obama même s'il pense que le politicien démocrate est un musulman qui n'est pas né en sol américain et qui est trop timide à l'égard du terrorisme ?

Oui ! C'est la réponse obtenue par les stratèges du politicien démocrate à quelques jours de l'élection historique de 2008, dans le cadre d'un groupe de discussion, dans une banlieue de Cleveland en Ohio. L'une des personnes sondées semblait ne pas vouloir voter pour le républicain John McCain même si elle avait de nombreux reproches à faire à Barack Obama.

Pour la seule et unique raison que « si McCain meurt, (Sarah) Palin deviendra présidente », a-t-elle expliqué. La gouverneure de l'Alaska était à l'époque colistière de McCain.

L'anecdote est tirée du livre *Game Change*, un brûlot sur la course à la Maison-Blanche de 2008, qui s'est vendu à plusieurs centaines de milliers d'exemplaires. Elle démontre bien l'importance qui doit être accordée à la sélection du colistier. Choix crucial par-dessus tout car ce candidat à la vice-présidence des États-Unis se retrouve à un battement de cœur de la présidence (l'assermentation de Lyndon Johnson après l'assassinat de John F. Kennedy en a été la preuve il y a quelques décennies).

Le système actuel date de l'élection de 1804. Après l'adoption d'un amendement à la Constitution (le 12ᵉ) pour que le collège électoral vote à la fois pour un candidat à la présidence et un autre à la vice-présidence tous les quatre ans, chaque parti s'est mis à constituer un duo pour le scrutin présidentiel. C'est ce que les Américains appellent le ticket.

Le choix du colistier est généralement hautement stratégique. Car s'il joue forcément les seconds violons, il peut être fort utile au candidat à la présidence, entre autres pour pallier ses faiblesses. L'exemple d'Obama le démontre. Son talon d'Achille, à l'époque, était son inexpérience. Particulièrement au chapitre de la politique étrangère. Ses stratèges ont recruté Joe Biden, le sénateur du Delaware, président de la commission des Affaires étrangères du Sénat.

Vieux routier de la politique, siégeant depuis 36 ans au Congrès américain, il avait aussi l'avantage d'être plus proche de l'Américain moyen que bon nombre d'autres sénateurs, pour la simple et bonne raison qu'il était l'un des rares, au Sénat, à ne pas être millionnaire.

On a aussi tendance à choisir le candidat à la vice-présidence en raison de l'État dont il est originaire, pour s'assurer de séduire une région qui n'est pas acquise au candidat à la présidence. À l'inverse, un candidat peut aussi vouloir opter pour un colistier originaire de la même région que lui afin de mettre l'accent sur la provenance de leur duo.

Quand Bill Clinton, gouverneur démocrate de l'Arkansas, a jeté son dévolu sur Al Gore, sénateur du Tennessee, le message était clair. Les Américains votaient pour un tandem du Sud du pays, qui n'a généralement pas beaucoup d'atomes crochus avec les démocrates depuis quelques décennies. Et ils votaient aussi pour expédier deux baby-boomers à la Maison-Blanche, donc pour l'avènement d'une nouvelle génération aux commandes.

L'annonce du nom du colistier est en soi un événement important qui génère une bonne couverture média-tique. Cela peut aussi faire partie d'une stratégie de campagne. En 2008, le Parti républicain a fait connaître l'identité de la colistière de John McCain au lendemain de la convention démocrate. Tous les projecteurs, qui auraient pu être braqués sur Obama pendant quelques jours de plus, ont aussitôt été redirigés vers Palin ! Mais le colistier est plus qu'un pion qui sert de figurant lorsque le candidat à la présidence cherche à mettre son adversaire en échec. Il a un rôle important à jouer lors de la campagne.

Traditionnellement, il est celui qui montera au front pour attaquer l'équipe rivale et défendre son coéquipier. Celui qui se salira les mains pendant que le candidat à la présidence donnera l'impression aux électeurs d'être au-dessus de la mêlée.

L'offensive des colistiers culmine chaque année quelques semaines avant le scrutin, lors d'un débat. S'il est moins déterminant que les joutes verbales entre les candidats à la présidence, il est néanmoins devenu un événement incontournable du processus par lequel les Américains choisissent l'occupant de la Maison-Blanche.

D'autant plus que les chances sont fortes pour que l'un de ces colistiers se retrouve un jour candidat à la Maison-Blanche et réussisse à occuper le Bureau ovale.

Voisin

« Être votre voisin, c'est comme dormir avec un éléphant ; quelque douce et placide que soit la bête, on subit chacun de ses mouvements et de ses grognements. »

Cette déclaration du premier ministre canadien Pierre Elliott Trudeau, lors d'un discours au National Press Club à Washington en 1969, est encore d'actualité de nos jours. Lorsque les États-Unis éternuent, le Canada s'enrhume. Aussi, lors de chaque course à la Maison-Blanche, au Canada, on suit de très près les déclarations des candidats et de leurs conseillers. Gaffes ou faux pas sont parfois au rendez-vous. C'est inévitable. En 2008, par exemple, alors que Barack Obama critiquait en public l'Accord de libre-échange nord-américain, un de ses conseillers tentait de rassurer – en privé – des diplomates canadiens au sujet du maintien de l'entente. Le candidat démocrate a été traité d'hypocrite.

Mais plus souvent qu'autrement, les candidats à la présidence américaine se soucient peu des enjeux canadiens. Et leurs électeurs s'en préoccupent encore moins. En témoigne l'absence de réaction de George W. Bush, en 2000, quand l'humoriste Rick Mercer lui a annoncé qu'il avait obtenu l'appui du premier ministre canadien « Jean Poutine ». Le prétendant à la Maison-Blanche n'a pas sourcillé. Comme s'il ne savait pas que le véritable nom du chef d'État canadien était Jean Chrétien.

Une fois élu, George W. Bush a par ailleurs commis ce que plusieurs, au Canada, ont considéré comme un impardonnable impair : il a visité le Mexique avant de mettre les pieds à Ottawa !

Au Canada, on présume que les stratèges des candidats à la Maison-Blanche savent que traditionnellement, la première visite à l'étranger d'un président américain s'effectue chez son voisin du Nord. Depuis l'époque de Ronald Reagan, seul George W. Bush ne s'est pas conformé à cette règle non écrite. Et cela a déclenché une véritable tempête médiatique au Canada.

Même avant l'arrivée de Ronald Reagan au pouvoir, le Canada était, diplomatiquement, une destination prioritaire. John F. Kennedy et Lyndon Johnson, notamment, ont eux aussi décidé que le pays devait être le premier sur la liste des nations étrangères à visiter. Les stratèges de Barack Obama avaient appris la leçon. Ottawa fut la première capitale étrangère que le président visita en tant que chef d'État. Il en profita même pour faire un arrêt impromptu au marché By, qui se trouve au centre de la ville, et s'offrir... une queue de castor !

Kennedy

Diefenbaker

Chicanes de voisins

Ce n'est pas nécessairement parce que deux personnes se voisinent qu'elles développeront une amitié durable. L'histoire des relations entre les présidents américains et les premiers ministres canadiens le démontre. Au fils des ans, il y a effectivement eu des cas d'atomes crochus, par exemple entre Ronald Reagan et Brian Mulroney. Mais d'autres couples étaient à couteaux tirés. L'une des relations les plus orageuses a été celle entre Richard Nixon et Pierre Elliott Trudeau. En marge d'une visite de ce dernier à la Maison-Blanche, le 6 décembre 1971, le président américain l'a notamment traité de «trou de cul». Il tenait de tels propos devant ses conseillers, mais le premier ministre canadien a fini par le savoir. «J'ai été qualifié de bien pire par de bien meilleures personnes», a-t-il répliqué. Ce n'était pas la première fois qu'un chef d'État américain insultait un premier ministre canadien. En 1961, lors d'une visite de **John F. Kennedy** à Ottawa, on a retrouvé un carnet de notes du président américain à la suite d'une rencontre avec le premier ministre **John Diefenbaker**. Il y avait écrit SOB («Son of a Bitch»), laissant entendre qu'il jugeait que le leader politique canadien était un fils de pute.

Vote

Il y a quelques années, l'International Institute for Democracy and Electoral Assistance de l'American University à Washington a publié un important rapport. Celui-ci commençait par une question piège.

« À la veille d'une élection nationale, alors que les divisions s'accentuent au sein d'un pays, seul le tiers des électeurs s'est dit persuadé que les votes seraient comptés de façon appropriée. Pendant l'élection, des centaines de milliers d'électeurs ont porté plainte. Après l'élection, seule une minorité de l'électorat croyait que les votes avaient été comptés de façon rigoureuse. S'agit-il d'un pays du tiers monde avec fort peu d'expérience sur le plan des élections ? Ou d'une nouvelle démocratie qui a émergé du démantèlement de l'Union soviétique ? » Non, ce n'était pas l'Irak ou l'Afghanistan dont il s'agissait. Ni même le Kirghizistan. Il s'agissait en fait des États-Unis. Le rapport en question faisait référence à l'élection de 2004, alors que le président sortant George W. Bush avait vaincu le démocrate John Kerry – et que des allégations de fraude en Ohio avaient provoqué tout un émoi le soir du vote. Quatre ans plus tôt, les problèmes du système électoral américain s'étaient spectaculairement dévoilés à l'ensemble de la planète. Un véritable fiasco électoral en Floride avait forcé la Cour suprême du pays à intervenir et à s'immiscer dans le choix du président. Les cinq juges les plus conservateurs du tribunal (contre 4) ont tranché en faveur de George W. Bush.

« Même si je suis en profond désaccord avec la décision de la Cour, je l'accepte », avait par la suite affirmé, le regret dans la voix, le démocrate Al Gore qui concédait la victoire à George W. Bush plus d'un mois après le scrutin.

Diantre, voter, ce n'est pas une mince affaire aux États-Unis. Les obstacles à la tenue d'un scrutin présidentiel digne d'une des plus anciennes démocraties du monde demeurent nombreux. Et les électeurs en sont conscients.

Prenons le cas de la Floride en 2000, puisque c'est celui qui a remis sous les projecteurs les ratés de la présidentielle américaine. Ce qui ne tournait alors pas rond dans cet État continue de poser problème dans plusieurs autres États aujourd'hui encore.

Les controverses au sujet des bulletins de vote (on se demandait à l'époque, par exemple, si ceux qui étaient mal perforés étaient valides) et des machines à voter, de la façon d'enregistrer les électeurs et du choix de ceux qui peuvent figurer sur les listes électorales, sans compter l'intimidation à l'égard de certains citoyens qui cherchaient simplement à exercer leur droit de vote... tous ces accrocs à un processus équitable se manifestent toujours, çà et là, au gré des décisions prises dans chaque État.

À la base, ce qui rend le processus semblable à un véritable casse-tête sur le plan national, c'est que les modalités électorales se gèrent au sein des États. En somme, la liberté avec laquelle vous pouvez exercer votre droit de vote varie selon l'endroit où vous habitez aux États-Unis.

L'universitaire Spencer Overton, l'un des spécialistes américains des travers du processus électoral, a bien résumé le résultat de la situation actuelle.

« Au sein de notre environnement politique si divisé, même une règle électorale obscure dans un seul et unique État peut déterminer qui siégera à la Maison-Blanche ou quel parti contrôlera le Congrès », a-t-il écrit dans son livre *Stealing Democracy*.

Parmi les errements soulignés par ce juriste, l'un des plus flagrants est que les responsables du bon déroulement de l'élection ne sont pas toujours neutres. La polémique soulevée par le fiasco électoral en 2000 avait ainsi été accentuée par le fait que la secrétaire d'État de Floride, Katherine Harris – responsable, par ses fonctions, des opérations électorales –, était aussi coprésidente de la campagne de George W. Bush dans cet État. Un scénario du même type s'est reproduit en Ohio quatre ans plus tard.

Ceux qui militent pour un scrutin plus juste déplorent aussi régulièrement le fait que les minorités – qui votent généralement en majorité pour les démocrates – sont la cible de nombreuses mesures qui visent à freiner leur participation électorale.

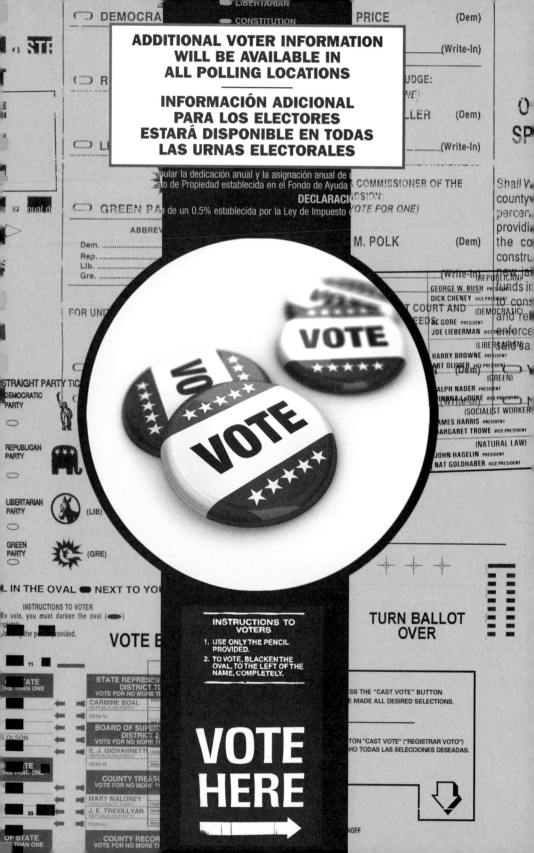

À VOUS DE JOUER

Labyrinthe électoral

Pas facile de faire respecter son droit de vote aux États-Unis.
Saurez-vous résoudre ce labyrinthe ? Aidez l'électeur à se rendre jusqu'à l'isoloir.

Que ce soit en forçant les électeurs à se munir d'une carte d'identité avec photo ou en privant les ex-détenus de leur droit de vote (la surreprésentation des Noirs en prison – qui comptent pour plus de 30 % des détenus – est de notoriété publique). Les Américains sont conscients des ratés de leur système électoral et tentent régulièrement d'y remédier. Sans véritable succès. L'ancien président Jimmy Carter a coprésidé ces dernières années deux commissions nationales pour une réforme de ce système. «Notre démocratie est un exemple pour le monde entier, mais le travail pour l'améliorer n'est jamais terminé», avait-il dit en 2001, à l'issue de la première commission. Depuis plusieurs années, la démocratie américaine est malheureusement souvent citée comme un exemple... à ne pas suivre !

 UN PEU D'HISTOIRE

Vote à main levée

La sélection des candidats qui s'affronteront lors de la présidentielle s'effectue à l'aide de multiples scrutins. Pour gagner la course au leadership de l'un ou de l'autre des deux grands partis, il faut récolter plus de la moitié des délégués alloués (distribués par un parti à travers les États) en triomphant dans le plus grand nombre possible de caucus et de primaires. Plusieurs États utilisent encore la formule des caucus, qui est pourtant un processus folklorique. Celui-ci permet aux électeurs de choisir leur prétendant favori lors de rassemblements où on vote parfois à main levée. Depuis le début des années 70, les premiers se déroulent en Iowa. Des hordes de journalistes convergent alors vers ce petit État du Midwest, en raison de son importance démesurée dans le choix du candidat. C'est l'étape inaugurale de la course à la direction de chaque parti. Quant aux primaires, il s'agit d'un procédé plus traditionnel où le vote secret est privilégié. Les premières ont lieu au New Hampshire, généralement peu de temps après le scrutin en Iowa.

Washington
White

Washington

C'est l'ultime paradoxe : tous les candidats à la présidence rêvent de passer quatre ans de leur vie, voire huit, dans la capitale américaine. Pourtant, tous donnent l'impression, lorsqu'ils font campagne, que Washington est leur pire cauchemar.

Pourquoi ? La réponse est simple. Depuis longtemps, bon nombre d'Américains se méfient des institutions fédérales. Ces dernières années, lentement mais sûrement, la colère a remplacé les craintes. Premièrement parce que la piètre performance des parlementaires à Washington a de quoi irriter même les plus indulgents. Le taux de satisfaction à l'égard du Congrès américain a touché le fond du baril alors que s'amorçait la dernière année du premier mandat de Barack Obama à la Maison-Blanche. Ce taux, selon un sondage Gallup effectué à la mi-décembre 2011, a chuté à 11 %. Un record. Jamais, dans l'histoire de la maison de sondage, aussi peu d'Américains ont-ils dit être satisfaits de leurs parlementaires à Washington. Quelques semaines plus tôt, un sondage effectué pour le compte du *New York Times* et du réseau CBS avait estimé ce taux de satisfaction à 9 %. Ce qui avait poussé, ce jour-là, le sénateur Lindsey Graham (de la Caroline du Sud) à révéler qu'il lui arrive de passer sous silence le fait qu'il siège au Congrès.

« C'est si mauvais que je dis parfois aux gens que je suis un avocat. Je ne veux pas être associé à une institution qui semble être, du point de vue de nos concitoyens, dysfonctionnelle. » Par ailleurs, les divers occupants de la Maison-Blanche au cours des dernières décennies ont pour la plupart, tour à tour, polarisé l'électorat. Tant et si bien qu'un fort pourcentage d'Américains, bon an mal an, se dit déçu par le président. Pour espérer être élu à la Maison-Blanche, il est donc fortement recommandé de pousser des cris de vierge offensée, de prononcer le mot Washington avec dédain dans la voix en promettant du changement et de l'action.

Bien sûr, il faut également annoncer avec détermination qu'on rêve de faire le ménage dans la capitale américaine. Il n'est peut-être pas loin, le jour où un candidat à la présidence américaine, tel Arnold Schwarzenegger avant d'être élu au poste de gouverneur de la Californie, brandira un balai en pleine campagne électorale en promettant d'en faire bon usage s'il est élu...

UN PEU D'HISTOIRE

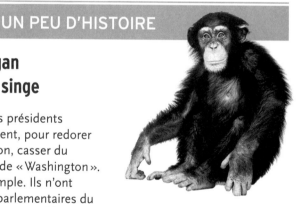

Ronald Reagan préfère son singe

Une fois élus, les présidents américains peuvent, pour redorer leur propre blason, casser du sucre sur le dos de « Washington ». La recette est simple. Ils n'ont qu'à décrier les parlementaires du Congrès américain. **Ronald Reagan** est l'un de ceux qui l'a fait avec succès. Cet ancien acteur a déjà partagé la vedette d'un de ses films, *Bedtime for Bonzo*, avec un singe. En 1982, de passage à Los Angeles pour une collecte de fonds, il a fait référence à ce long métrage pour railler les parlementaires démocrates qui contrôlaient le Congrès américain. « Croyez-moi, *L'heure du coucher pour Bonzo* avait plus de sens que ce qu'ils ont fait à Washington », a déclaré ce républicain au sujet de ses rivaux.

White

« Ce que nous avons fait est consternant », confiait Theodore White à l'un de ses jeunes collègues en 1975.

Le reporter, historien et romancier portait ce très dur jugement sur un style de journalisme politique dont il a été le pionnier aux États-Unis. Avec *The Making of the President, 1960*, l'ancien correspondant de l'hebdomadaire *Time* en Chine a inventé une nouvelle façon de couvrir les courses à la Maison-Blanche, utilisant les techniques narratives du romancier pour entraîner les lecteurs dans les coulisses des campagnes de John Kennedy et Richard Nixon, décortiquer la personnalité des candidats et détailler les manœuvres de leurs stratèges. Publié en 1961, *The Making of the President, 1960* s'est vendu à plus de quatre millions d'exemplaires et a valu à Theodore White un prix Pulitzer. Cela a conduit son auteur à signer une série de livres suivant la même formule et plusieurs journalistes à adopter son approche avec plus ou moins de succès. Parmi ses imitateurs dignes de mention, citons Joe McGinniss, auteur de *The Selling of the President 1968* (1969), Hunter S. Thompson, auteur de *Fear and Loathing: On the Campaign Trail '72* (1973), Timothy Crouse, auteur de *Boys on the Bus* (1973), et Richard Ben Cramer, auteur de *Whatever It Takes* (1993). Ce que Theodore White déplorait, c'était d'avoir lancé plus d'une génération de journalistes à la chasse aux anecdotes qui ne servaient plus à illustrer un processus, une époque ou une personnalité, mais à battre la concurrence ou à embarrasser un candidat. Son intérêt pour les jeux de coulisses, les traits de personnalité et les calculs de stratège a également contribué à évacuer la substance même des débats politiques qui devraient dominer la couverture journalistique des campagnes présidentielles. « Notre culture politique et médiatique reflète et alimente une obsession axée sur qui *va* gagner plutôt que sur qui *devrait* gagner », a écrit le journaliste Mark Halperin à propos de *Whatever It Takes*, un livre sur la campagne de 1988 entre George Bush père et Michael Dukakis qui démontre comment les conseillers médiatiques peuvent détruire de bons candidats et comment les journalistes se focalisent sur les questions secondaires. Mark Halperin est bien sûr le coauteur avec John Heilemann de *Game Change*, un best-seller sur la campagne présidentielle de 2008 qui illustre la dérive déplorée par Theodore White. L'ouvrage regorge d'anecdotes et de détails croustillants qui ont contribué à son succès mais qui n'ont pas vraiment éclairé les enjeux de l'élection du premier président de couleur ou l'époque dans laquelle cette campagne historique s'est déroulée. On y apprend cependant qu'Elizabeth Edwards a littéralement déchiré sa chemise devant son mari sur le tarmac d'un aéroport en suppliant son mari de la regarder. On y découvre aussi que le chef de la majorité démocrate du Sénat, Harry Reid, pensait que Barack Obama avait de bonnes chances de l'emporter parce que sa peau était claire et qu'il n'employait pas un « dialecte de nègre ». *Game Change* n'avait pas fait avancer la démocratie, mais il avait été adapté au petit écran par HBO et avait valu à ses auteurs un à-valoir de cinq millions de dollars pour un livre sur la campagne présidentielle de 2012.

UN PEU D'HISTOIRE

Journalisme sous influence

Pendant que Theodore White recueillait la matière du dernier livre de sa série *The Making of the President*, **Hunter S. Thompson** publiait dans le magazine *Rolling Stone* une série de reportages qui allaient être réunis dans un livre intitulé *Fear and Loathing: On the Campaign Trail '72*. Dans cet ouvrage, Thompson allait mettre en pratique son propre style de journalisme, le « journalisme Gonzo », remplaçant l'objectivité, la révérence et la sobriété de White pour la subjectivité, l'insolence et l'excès, le tout agrémenté d'une quantité abondante de substances illégales.

$\times$ (chromosome)

XX

**L'arme secrète des candidats à la Maison-Blanche ?
C'est simple : elle possède un exemplaire de plus
du chromosome X que son mari.**

Vous aurez deviné qu'il s'agit de la femme du prétendant. Tous les quatre ans, elle est dépeinte dans les médias – avec raison – comme celle qui peut humaniser le candidat. Celle qui lui permettra de séduire une partie de l'électorat qui pourrait autrement être tentée de voter pour le politicien rival.

Comme le rôle de la première dame du pays (surnommée « First Lady » aux États-Unis), celui de la femme d'un candidat à la présidence s'est modifié au fil des ans. Ces jours-ci, on s'attend à ce que la femme du prétendant (ou plus rarement le mari, notamment dans le cas de Bill Clinton, époux de Hillary Clinton, candidate démocrate en 2008) fasse campagne d'un bout à l'autre du pays. Souvent en compagnie de son conjoint, mais parfois même seule.

Cette femme – à qui les stratèges recommandent d'être politisée, mais pas trop – doit également accorder plusieurs entrevues, à des moments déterminés. Objectif : prouver que son mari est un bon père de famille. Un homme doté de principes et de valeurs qui rassureront l'Américain moyen.

On s'attend aussi à ce qu'elle fasse l'éloge de son mari à l'occasion de la convention où ce dernier sera officiellement couronné candidat de son parti. Le discours de la première dame potentielle est toujours l'un des moments cruciaux de cet événement incontournable. Un véritable test.

Une fois à la Maison-Blanche, cette femme devra se comporter en équilibriste. Elle devra s'impliquer dans les affaires de l'État, mais de façon raisonnable. Les médias américains ne lui pardonneraient pas si elle se comportait comme Bess Truman, femme de Harry Truman (président démocrate qui a succédé à Franklin D. Roosevelt). Celle-ci n'a accordé aucune entrevue en tant que première dame du pays, de 1945 à 1953. Elle se voyait elle-même comme une... potiche.

Cela dit, les Américains ne s'étaient pas non plus entichés de Hillary Clinton à l'époque où son mari était à la Maison-Blanche. Ils estimaient qu'elle en menait trop large. Elle avait entre autres dirigé le projet de réforme du système de santé, qui s'était traduit par un échec retentissant.

Une femme de président idéale aux yeux des Américains, en somme, aura à cœur certaines causes qui ne seront pas insignifiantes, mais qui ne soulèveront pas la controverse. Elle ne jouera pas les faire-valoir mais limitera néanmoins le plus possible ses sorties publiques au sujet d'enjeux importants qui sont du ressort du président.

Si elle suit à la lettre toutes ces leçons, elle pourra redorer le blason de son mari lorsque les temps seront durs. Car la femme du président, sauf exception, va jouir d'un taux de satisfaction exceptionnel même si son mari est au plus bas dans les sondages.

Attention, toutefois.

Toutes ses déclarations seront passées au peigne fin par les journalistes et autres commentateurs de la chose politique.

L'improvisation est à proscrire. Quand Michelle Obama avait publiquement souligné que son mari ronflait et lui avait reproché de laisser ses chaussettes sales sur le plancher, elle avait été vertement critiquée. La femme du candidat à la présidence est donc incitée à tenter d'humaniser son conjoint, mais... pas trop !

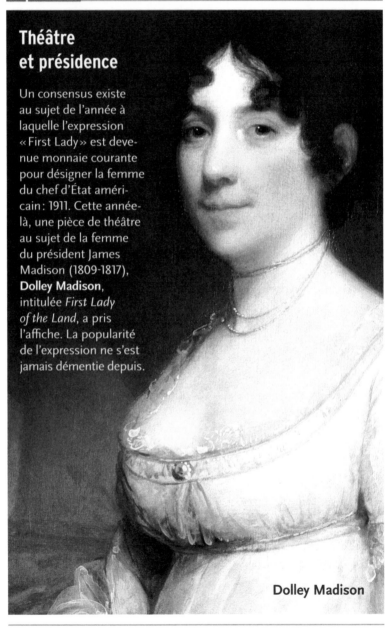

Théâtre et présidence

Un consensus existe au sujet de l'année à laquelle l'expression « First Lady » est devenue monnaie courante pour désigner la femme du chef d'État américain : 1911. Cette année-là, une pièce de théâtre au sujet de la femme du président James Madison (1809-1817), **Dolley Madison**, intitulée *First Lady of the Land*, a pris l'affiche. La popularité de l'expression ne s'est jamais démentie depuis.

Dolley Madison

À vos fourneaux

Le magazine *Family Circle* organise tous les quatre ans un concours de biscuits : il demande une recette aux femmes des candidats à la Maison-Blanche et sollicite ensuite l'avis de ses lecteurs. Objectif : déterminer qui remportera la course à la Maison-Blanche. En 1992, par exemple, la recette de Hillary Clinton avait plu à un plus grand nombre de lecteurs que celle de Barbara Bush (55 % contre 45 %). Et Bill Clinton avait battu George Bush père. À vous maintenant de reproduire cette recette gagnante !

★ ★ ★ Les biscuits de Hillary ★ ★ ★

INGRÉDIENTS

1 ½ tasse de **farine tout usage**

1 cuillerée à thé de **sel**

1 cuillerée à thé de **bicarbonate de soude**

1 tasse de **graisse végétale**

1 tasse de **cassonade**

½ tasse de **sucre**

1 cuillerée à thé de **vanille**

2 **œufs**

2 tasses de **flocons d'avoine**

1 paquet de **pépites de chocolat mi-sucré**

PRÉCHAUFFEZ LE FOUR À 350° F

★ Dans un bol, mélangez la farine, le sel et le bicarbonate de soude. ★ Dans un autre bol, mélangez la graisse végétale, la cassonade, le sucre et la vanille avec un batteur électrique jusqu'à l'obtention d'une texture crémeuse. ★ Incorporez les œufs et battez encore le mélange. ★ Ajoutez graduellement le mélange de farine et les flocons d'avoine. Incorporez les pépites de chocolat. ★ Déposez ensuite des cuillerées de ce mélange sur une plaque à biscuits. ★ Faites cuire de 8 à 10 minutes. Lorsque les biscuits sont dorés, laissez-les refroidir quelques minutes avant de les déguster.

OBAMA'08

YES
WE
CAN

WWW.**BARACKOBAMA**.COM

Yes We Can

Février 2007. Le stratège républicain Alex Castellanos est sans pitié pour son client, Mitt Romney, qui est en train de jeter les bases de sa première campagne à la présidence.

Chargé d'analyser l'image médiatique du gouverneur du Massachusetts, il distille dans une présentation Power-Point les mots ou les idées qui viennent à l'esprit des gens quand on mentionne le nom de ce dernier : «faux», «insaisissable», «pas humain», «girouette», etc. De toute évidence, Romney a besoin d'une nouvelle image de marque, selon Castellanos. Celle-ci, suggère-t-il, devrait rappeler au public les succès du prétendant à la Maison-Blanche en tant qu'homme d'affaires, sauveteur des Jeux olympiques d'hiver de Salt Lake City et gouverneur d'un grand État. Et pour que ces succès s'imprègnent dans l'imaginaire populaire, le stratège propose à son client un slogan : *Yes We Can* («Oui, nous le pouvons»). Yes We Can? Eh oui, Mitt Romney a failli s'approprier un des slogans les plus célèbres de la première campagne présidentielle de Barack Obama, selon Michael Kranish et Scott Helman, auteurs d'une biographie sur Mitt Romney intitulée *The Real Romney*. Ceux-ci ne précisent pas cependant si le client d'Alex Castellanos a repoussé l'idée du stratège ou s'il a tout simplement été devancé par le démocrate de l'Illinois.

Obama

Il faut dire que Barack Obama n'a lui-même pas toujours été entiché de son slogan fétiche, qui lui a d'abord été suggéré par son propre stratège, David Axelrod, à l'époque de la course à l'investiture démocrate pour l'élection sénatoriale de l'Illinois en 2004. « Enfantin » et « cul-cul », avait déclaré Obama au sujet de cette phrase récupérée par les créateurs du dessin animé Bob the Builder bien après que sa version espagnole – Si Se Puede – eut servi de cri de ralliement à Cesar Chavez et aux travailleurs agricoles de Californie dans les années 1960.

C'est finalement Michelle Obama qui a convaincu son mari d'adopter ce slogan en 2004. Slogan qui a refait surface le 8 janvier 2008 le soir de la défaite du sénateur de l'Illinois face à Hillary Clinton dans la primaire du New Hampshire. Yes We Can ? Jon Favreau, rédacteur principal des discours du candidat démocrate, n'était pas chaud à l'idée d'inclure le slogan dans son texte, craignant que les membres de l'auditoire ne se mettent à le scander.

C'est évidemment ce que les partisans de Barack Obama ont fait ce soir-là, réagissant avec enthousiasme aux propos résolument optimistes du perdant. Moins d'un mois plus tard, will.i.am, membre du groupe Black Eyed Peas, sortait la chanson *Yes We Can* inspirée par le discours du candidat démocrate et interprétée par de nombreuses célébrités.

Yes We Can ? Après l'arrivée de Barack Obama à la Maison-Blanche, plusieurs de ses détracteurs ont évidemment répondu par la négative.

166

NOBAMA

NO YOU CAN'T

YOU CAN KEEP THE CHANGE

YouTube

Rares sont ceux qui auraient pu prévoir, à la naissance de YouTube en 2005, l'impact que ce site allait avoir sur la course à la Maison-Blanche.

McCain

Trois ans plus tard, en 2008, l'apport du site de partage de vidéos était tel que plusieurs ont qualifié le scrutin présidentiel cette année-là d'« élection YouTube ». Permettez-nous d'affirmer que ce qualificatif était exagéré. YouTube n'a pas fait la différence en 2008. Le républicain John McCain aurait été battu même si le site n'avait pas existé. Cela étant dit, YouTube a eu un impact certain sur la campagne.

Et a prouvé que les futurs candidats à la Maison-Blanche, mais aussi à tout autre poste électif, n'auront d'autre choix que d'en tenir compte. Le pouvoir de YouTube est double. Il permet premièrement à quiconque de filmer un candidat et de diffuser sa vidéo sur le web aisément. Vous faites partie d'un groupe restreint d'invités à un événement politique ? Un candidat fait une gaffe, mais aucun journaliste n'est sur place ? Pas de souci, vous pouvez vous-même immortaliser cet impair avec votre téléphone intelligent et le partager sur la Toile. Ajoutez à cela qu'en raison de sa popularité, YouTube permet à ces vidéos partagées d'atteindre une audience exceptionnelle, et vous obtenez une arme de destruction massive de réputation. Certaines vidéos deviennent maintenant si populaires que les médias traditionnels – tant la télévision que les journaux – s'en emparent. Dans le cas de John McCain, un dérapage relayé sur YouTube s'est produit à la suite d'un rassemblement électoral à Murrells Inlet, village de moins de 10 000 habitants en Caroline du Sud. Répondant à une question sur le nucléaire iranien, le candidat a chantonné «bomb, bomb, bomb, bomb, bomb, Iran...», sur l'air d'une chanson des Beach Boys. La vidéo de ce trait d'humour plutôt douteux s'est retrouvée sur YouTube et a été visionnée des centaines de milliers de fois sur le Web. Elle a, parallèlement, été diffusée par les grands réseaux de télé et utilisée par l'organisation MoveOn.org dans une pub anti-McCain.

Au cours de la même campagne, YouTube a été au cœur de la controverse par rapport aux déclarations controversées du pasteur de Barack Obama, Jeremiah Wright. Les vidéos de ses sermons enflammés sont devenues virales. Et la réplique de Barack Obama, son célèbre discours sur la question raciale prononcé à Philadelphie, s'est transformée en succès sur YouTube. Car le site peut aussi jouer en faveur des candidats. Certaines vidéos mises en ligne par des usagers ont contribué à alimenter la ferveur entourant la candidature du politicien démocrate en 2008. Notamment celle où une jeune femme surnommée Obama Girl chantait son coup de foudre pour lui, en petite tenue. C'est aussi ça, YouTube!

L'ami des animaux

Lequel de ces animaux n'a pas appartenu à un président américain ?

1- Pauline Wayne fut la vache de **William Taft**. Elle a quitté la Maison-Blanche en 1913 pour une ferme au Wisconsin ;

2- Le président **Calvin Coolidge** avait fait l'acquisition d'un deuxième raton laveur, Reuben, pour tenir compagnie à Rebecca ;

3- **Lyndon Johnson** avait causé la controverse en soulevant Him (son Beagle) par les oreilles, en public, en 1964 ;

4- Socks le chat appartenait en fait à Chelsea, la fille de **Bill Clinton**.

Solution : 5- Bubbles, le chimpanzé. Il a été adopté dans les années 80 par le chanteur Michael Jackson, ce qui n'a pas manqué d'alimenter les sarcasmes à son égard.

Zoophilie

L'une des premières promesses tenues par le président Barack Obama ? Celle, faite à ses deux filles, d'acheter un chien ! Car qui dit président américain dit... chien. Ou à tout le moins animal.

Le président Theodore Roosevelt, au tout début du 20e siècle, vivait entre autres avec un blaireau. Calvin Coolidge, à la fin des années 1920, avait pour sa part toute une ménagerie à la Maison-Blanche, incluant même un hippopotame nain, prénommé Billy.

L'intérêt du public pour les animaux des présidents est tel qu'un musée est consacré à ces petites bêtes apprivoisées : le Presidential Pet Museum, en Virginie. Les Américains n'imaginent donc plus leur commandant en chef sans animal domestique à ses côtés.

Quant aux candidats à la présidence, il y a fort à parier qu'ils gardent en tête l'une des plus célèbres citations de Harry Truman au sujet de l'importance de partager son quotidien, dans la capitale américaine, avec le meilleur ami de l'homme : «À ceux qui un jour m'ont demandé si on peut avoir des amis dans cette ville, j'ai simplement répondu : "si tu veux un ami à Washington, prends un chien". »

Dindon... présidentiel !

Un dindon sur le sceau du président des États-Unis, vous imaginez ?
L'oiseau qui y figure actuellement, le pygargue à tête blanche, est
l'oiseau national des États-Unis. Il a été choisi en 1782, quelques
années après la déclaration d'indépendance du pays. Mais l'un des
pères fondateurs des États-Unis, **Benjamin Franklin**, n'était pas
satisfait. Il a fait connaître son mécontentement deux ans plus tard.
Selon lui, cet oiseau est « de mauvaise moralité ». Il aurait préféré,
raconte-t-on, le dindon sauvage comme symbole du pays.

★ ★ ★ Remerciements ★ ★ ★

Merci à nos patrons et collègues à *La Presse* qui croient comme nous que lorsqu'on dort avec un éléphant (les États-Unis), mieux le connaître est crucial. Pour leurs critiques constructives et leur collaboration, un merci tout particulier à Johan Batier, Gilbert Cardinal, Benoît Giguère, Paul-Émile Lévesque, Marc-André Lussier, Jean-Sébastien Mercier, Vincent Brousseau-Pouliot, Alexandre Robillard, et Pascal Simard. Un immense merci à Geneviève, Thomas, Arthur, Marie-Noël et Éloïse. Sans leur soutien et leurs encouragements, un tel projet n'aurait pas été possible.

La Maison-Blanche

★ ★ ★ Crédits Photo ★ ★ ★

70 Étain : **Photos.com** 71 Timbre : **Can Stock Photo.** 73 Susana Martinez : **New Mexico State Government ;** Marco Rubio : **United States Senate ;** Brian Sandoval : **Nevada Governor's office.** 74 Bracelet ; Ampoule : **Photos.com** 75 Abraham Lincoln : **Library of Congress ;** Barack Obama : **Maison-Blanche ;** Ronald Reagan : **NARA ;** Franklin Roosevelt ; Theodore Roosevelt : **Library of Congress.** 79 Bouton : **Photos com.** 80 Jarre à jujubes ; Saxophone ; Ourson : **Photos.com ;** Chapeau ; Microphone : **NARA.** 83 Newt Gingrich : **Gage Skidmore.** 84 Panneau : **Photos.com** 86 Soutient gorge : **Photos.com** 88 Cigares : **Photos.com ;** Oncle Sam : **domaine public ;** Jambes : **domaine public.** 93 *The Star Spangled Banner*: **NARA ;** Mouche : **Clipart ETC.** 96 George W. Bush : **NARA.** 97 Avions : **Fotolia.** 98 Fils ; Pique de guitare : **Photos.com ;** *The Star Spangled Banner*: **NARA ;** Jimi Hendrix : **domaine public.** 100 Guitariste : **Photos.com** 101 Richard Nixon : **NARA ;** Pièce de monnaie : **Photos.com ;** Franklin D. Roosevelt : **Library of Congress.** 103 Feuilles ; Écusson : **Photos.com** 104 Ronald Reagan : **Maison-Blanche.** 106 Abraham Lincoln ; Richard Nixon ; Theodore Roosevelt : **Library of Congress ;** Lyndon B. Johnson : **LBJ Library ;** Ulysses S. Grant : **NARA.** Harry S. Truman ; Andrew Jackson ; Dwight Eisenhower ; Bill Clinton ; Gerald Ford ; George H. W. Bush ; Herbert Hoover ; George Washington ; Jimmy Carter ; Barack Obama ; George W. Bush : **Maison-Blanche.** 107 Parechocs : **Photos.com** 108 Autocollant : **NARA.** 110 Herbert Hoover : **Library of Congress.** 113 Mt Rushmore : **Photos.com** 115 Maison-Blanche : **Library of Congress ;** Grover Cleveland : **NARA.** 114 Jeu de quilles : **Photos. com** 116 Richard Nixon : **NARA.** 118 Casquette ; Mouche ; Fer ; Balle de golf ; Panneau : **Photos. com** 119 Barack Obama : **Maison-Blanche.** 120 Billets de banque : **Photos.com** 121 Gerrymander : **NARA.** 122 Icônes : **123 RF.** 124 Bible : **Clipart ETC.** 125 Billet de banque : **domaine public.** 127 Billet de banque : **domaine public.** 128/129 Homme ; Femme : **Photos.com.** 130 Icônes : **Fotolia.** 131 *The Lady and the Tiger*: **NARA.** 132 Homme ; Pistolet ; Bague : **Photos.com** 133 Femme ; Pistolet ; Bagues : **Photos.com** 134 Théière : **Photos.com** 137 Patriote : **Fotolia.** 141 Hillary Clinton : **Maison-Blanche.** 143 Diplôme : **Fotolia.** 144 Lyndon B. Johnson : **LBJ Library ;** Al Gore ; George H. W. Bush : **Maison-Blanche ;** Sarah Palin : **Therealbs2002.** 145 Boîte de scrutin ; Foule : **Photos.com ;** Sigle : **NARA.** 148 Pièces de monnaie : **domaine public.** 149 John F. Kennedy ; John Diefenbaker : **NARA.** 150 Panneau : **Dreamstime.** 153 Bulletins de vote : **domaine public ;** Macarons : **Photos.com** 156 George Washington : **NARA ;** Timbre : **Photos.com** 157 Chimpanzé : **Photos.com** 159 Médicaments : **Photos.com** 160 Chromosomes : **Photos.com** 162 Dolley Madison : **Library of Congress.** 163 Ménagère : *Mostly Happy Clip Art of the Thirties, Forties and Fifties.* 164 Affiche : **Maison-Blanche.** 165 Macarons : **Maison-Blanche.** 166 Barack Obama : **Maison-Blanche.** 168 John McCain : **United States Congress.** 170 Vache ; Raton laveur ; Beagle ; Chat ; Chimpanzé : **Photos.com** 171 Animaux : **Photos.com** 174 Uncle Sam : **Library of Congress.** 175 Clé : **domaine public.**

Première de couverture Drapeau des États-Unis : **Dreamstime.**
Quatrième de couverture Richard Hétu et Alexandre Sirois : **Marco Campanozzi.**